Meine Trennkost für Einsteiger

Ursula Summm

Meine Trennkost für Einsteiger

Bassermann

Inhalt

Vorwort von Ursula Summ

Liebe Leserinnen, liebe Leser,

wenn Sie von Trennkost hören, dann denken Sie sicher zuerst einmal ans Abnehmen. Denn keine andere Ernährungsform wurde irrtümlich so oft als Diät bezeichnet wie die Hay'sche Trennkost. In Wirklichkeit handelt es sich hier aber um eine Ernährungsumstellung, allerdings um eine mit besonderen Eigenschaften: Sie entgiftet und entsäuert den Körper, schont die Organe während der Verdauungsphase und als angenehme Begleiterscheinung verliert der Körper dabei überflüssige Pfunde. Weitere Vorteile sind die herrlich schmeckenden Gerichte, die wegen der leichten Zubereitung auch von Menschen mit bescheideneren Kochkünsten zubereitet werden können. Auch am Arbeitsplatz, im Restaurant oder im Urlaub lassen sich Mahlzeiten im Rahmen der Trennkost problemlos zusammenstellen. Die Trennkost faszinierte bisher Millionen und beeindruckt weiterhin täglich neue Menschen. Es sind die positiven Erfahrungen, die durch Mundpropaganda immer weiter verbreitet werden.

Begonnen hat die ganze Geschichte in Amerika zu Beginn des 20. Jahrhunderts, wo Dr. Howard Hay nach einer Lösung seiner schweren Nierenerkrankung suchte. Seine Kollegen hatten Dr. Hay längst aufgegeben, als es ihm gelang, sich selbst zu heilen. Seine persönlichen Erkenntnisse hielt er daraufhin in einem Buch fest, das 1939 durch Zufall in die Hände des deutschen Arztes Dr. Ludwig Walb gelangte. Dieser erkannte sehr schnell die Vorzüge dieser Ernährungsweise, nannte sie „Trennkost" und verbreitete diese erfolgreich hierzulande. Doch vielen „modernen" Wissenschaftlern war die Trennkost ein Dorn im Auge: viel zu einfach, um Heilung erzielen zu können. Kritische Beobachter boykottierten sie so lange, bis die Trennkost an Glaubwürdigkeit verlor. Lange Zeit blieb es still um die Trennkost, und fast schien es, als sei dieser Schlüssel zur Gesundheit für immer verloren.

Wenn ich mir im Nachhinein die Geschichte der Trennkost betrachte, kann ich es selbst nicht fassen, dass durch meine verzweifelte Suche nach einer schlankeren Figur die entscheidenden Weichen für das neue Aufleben der Hay'schen Trennkost gestellt wurden.

Ich ging 1978 völlig unbedarft an dieses Thema heran. Damals hatte ich nur ein einziges Ziel vor Augen: endlich für immer schlank zu werden. Ich hatte im Vorfeld schon sämtliche Diäten ausprobiert, wobei mein armer Körper immer dicker und kränker wurde. Irgendwann spielte dann mein gesamter Organismus verrückt. Rheuma, Gicht, Probleme mit der Verdauung, Kopfschmerzen, eine entzündete Bauchspeicheldrüse sowie eine offene Hautallergie an den Händen und im Gesicht quälten mich schrecklich.

Dann endlich die erlösende Lehre der Hay'schen Trennkost. Mit dieser Ernährungsform konnte ich nicht nur mein extremes Übergewicht in normale Bahnen lenken, sondern auch am eigenen Körper beobachten, wie meine Krankheiten völlig ausheilten. Mit diesen Erfahrungen ging ich in die Öffentlichkeit. Als Leiterin von Trennkost-Seminaren durfte ich miterleben, wie viele kranke Menschen nach dieser Nahrungsumstellung gesund wurden. Zuerst glaubte ich an Zufälle, doch immer wieder bestätigten mir Kursteilnehmer unabhängig voneinander die Verbesserung ihres Gesundheitszustands. Sie brauchten plötzlich keine Medikamente mehr, Migräneanfälle blieben aus, Magenbrennen und Verstopfungen verschwanden, hohe Blutfett- und Cholesterinwerte sanken und lästige Wechseljahrsbeschwerden traten nicht mehr auf.

1994 gründete ich dann den ersten Trennkost-Club im Internet. Von nun an hatten weltweit alle Trennkost-Interessierten Zugang zu meinem reichen Erfahrungsschatz. Jeder kann hier, auch ohne Fachwissen, mit anderen Trennköstlern in Kontakt treten, mit ihnen kommunizieren oder sich einfach nur Rat holen. Wer möchte, kann auch per Fernlehrgang einen Trennkost-Abnehmkurs belegen oder sich hier zum/zur Trennkost- Berater/-in ausbilden lassen. Gerne begrüße ich Sie.

Ich wünsche Ihnen eine erlebnisreiche und schöne Zeit.

Herzlichst, Ihre Ursula Summ

Trennkost – die gute Ernährungslehre

Schon in früheren Zeiten, als die Menschen noch sehr stark im Einklang mit der Natur standen, wurde eine Art Trennkost praktiziert. Nur selten kamen Fleisch oder Fisch gleichzeitig mit Kartoffeln oder anderen Beilagen auf den Tisch. Dies gezwungenermaßen, denn im Kampf um die tägliche Nahrung gab es nicht viel Auswahl. Es gab Kohl, Rüben, Sauerkraut, Hafersuppe, Vollkornfladen und Ähnliches. Man war, um nicht zu verhungern, auf Nahrungsqualität angewiesen.

Heute, wo nicht mehr um das tägliche Brot gerungen werden muss, ist die Auswahl der Nahrung riesig groß. Dementsprechend groß ist auch die Unordnung bei der Zusammenstellung der täglichen Mahlzeiten. Viele Menschen wissen gar nicht um die Verträglichkeiten und Unverträglichkeiten der einzelnen Nahrungsmittel untereinander, spüren aber des Öfteren nach dem Essen ein Missbehagen im Magen- und Darmbereich. Medikamente schaffen Abhilfe, sind aber auf Dauer keine Lösung. Die bessere Alternative ist das Wissen um eine gute Ernährung.

Der Erfinder

Dr. Howard Hay (1866 – 1940) war seiner Zeit weit voraus. Bedingt durch seine eigene schwere Krankheit, er litt an der Bright'schen Nierenerkrankung mit Bluthochdruck und Herzerweiterung, begab er sich auf die Suche nach Möglichkeiten, seinen Gesundheitszustand zu verbessern, ja sich sogar selbst zu heilen – und das ist ihm auch gelungen.

Mit großer Willenskraft und einem enormen Gespür für eine harmonische und logische Lebensführung verwarf er alle Regeln des „normalen" Essens. Er trennte die sehr eiweißreichen Nahrungsmittel von den kohlenhydratreichen, teilte sie außerdem in Basen bildende und Säure bildende ein und ernährte sich vollwertig. Er wollte keine Diät erfinden, sondern vielmehr durch Beobachtung von Naturvölkern eine gesund machende und gesund erhaltende Ernährungsweise entwickeln.

Die Entwicklung geht weiter

Inzwischen ist ein Jahrhundert vergangen, und was in den Siebzigerjahren fast niemand für möglich hielt: Die Trennkost überlebte und ist heute populärer denn je. Ja, ich freue mich darüber, wie aufgeschlossen viele moderne Menschen dieser Form der Ernährung gegenüberstehen. Zu verdanken ist dieser Erfolg den guten Erfahrungen, die die Menschen mit dieser natürlichen Ernährungsform gemacht haben. Bedingt durch diese positive Mundpropaganda wurden Ärzte und Wissenschaftler aufmerksam. Diese brachten schließlich durch wissenschaftliche Untersuchungen Beweise für die Wirksamkeit der Trennkost.

So lieferte der deutsche Arzt Dr. med. Martin Noelke nach umfangreichen Blutuntersuchungen und ausführlichen Experimenten an Trennköstlern und Nicht-Trennköstlern die Erkenntnis, warum man mit der Trennkost abnimmt. Er brachte den Nachweis, dass Trennkost den Blutzuckerspiegel nicht unnötig erhöht. Dementsprechend gering ist auch die Insulinentwicklung, die, so Dr. Noelke, die Schlüsselsubstanz für die Fettgewebsneubildung darstellt.

Auch die australischen Forscherinnen Susanne H. A. Holt und Janet C. Brand Miller von der Universität Sydney erforschten die Abhängigkeit der Insulinentwicklung im Körper von der Art der aufgenommenen Mahlzeit. Dabei entdeckten sie, dass die Bauchspeicheldrüse bei gemischten Speisen mit einer stark ansteigenden Insulinkurve antwortete – noch höher, als hätte man nur Weißbrot gegessen.

Eine ähnliche Entdeckung machten auch Wissenschaftler der Harvard-Universität in Boston. Sie entdeckten, dass Übergewicht oftmals die Folge von einer selbst herbeigeführten Insulin-Überproduktion ist. So leiden viele dicke Menschen daran, dass ihre Bauchspeicheldrüse aufgrund falscher Ernährung zu viel Insulin produziert.

Heute ist wissenschaftlich belegt, dass sich ein niedriger Insulinspiegel positiv auswirkt, nicht nur bei der Gewichtsreduktion, sondern auch auf die vielen Erkrankungen, die mit Übergewicht verbunden sind.

Erinnerung

Ich erinnere mich noch sehr gut an meine ersten Trennkost-Vorträge. Das war 1978. Ich stürzte mich voller Elan und Begeisterung in meine neue Aufgabe und war der festen Überzeugung, mit einleuchtenden Argumenten die damals fast vergessene Trennkost sehr schnell wieder in Umlauf zu bringen. Doch harte Arbeit stand mir bevor. Die eingefleischten Allesesser wollten von den alten, so lieb gewordenen Gewohnheiten nicht loslassen. So musste ich viel entmutigende Bemerkungen und belastende Diskussionen über mich ergehen lassen. Aber ich hielt durch, wusste ich doch, die Zeit der Trennkost wird kommen. Nun ist sie da, und es erfüllt mich mit sehr vielen schönen Gefühlen, an einer so großen Sache beteiligt zu sein.

Falsche Ernährung und ihre Folgen

Aus Zeitgründen greifen heute sehr viele Menschen zu Fertigprodukten oder ernähren sich im Fast-Food-Bereich. Dadurch werden dem Körper oftmals zu wenige Vitalstoffe in Form von Vitaminen, Mineralstoffen, Spurenelementen und Enzymen zugeführt. Welch dramatische Folgen eine falsche Ernährung haben kann, beweisen die vielen ernährungsbedingten Krankheiten, wie z. B. übersäuerter Magen, Verdauungsprobleme, Darmerkrankungen, Gicht, Rheuma, Stoffwechselstörungen, Bluthochdruck, Diabetes Typ 2, Gefäßschäden, Arthrose, Arthritis, Herz-Kreislauf-Probleme, Herzinfarkt, Schlaganfall oder sogar Krebs. Natürlich spielen bei den genannten Krankheiten auch andere Faktoren eine wichtige Rolle, doch durch eine gesunde Ernährung ließe sich vieles vermeiden.

Säuren – die schleichende Selbstvergiftung

Der Mensch ist sauer! Dies sagt man, wenn die allgemeine Stimmungslage griesgrämig und missvergnügt ist. Aber ich spreche jetzt hier nicht von einer gereizten Stimmung, sondern von sauren Stoffen im Körper, die eine Gewebsübersäuerung verursachen.
Erstes Anzeichen einer starken Übersäuerung kann eine bleierne Müdigkeit sein. Mit den Jahren bemerkt man dann vielleicht ein langsames Nachlassen der Konzentration, Kopfschmerzen, Verspannungen der Muskulatur, Kreislaufstörungen oder Ähnliches. Um diese Zusammenhänge besser zu verstehen, sollte man sich vor Augen halten, dass im Körper täglich unzählige Prozesse ablaufen: Wachstum, Zellerneuerung, Produktion von Körperwärme.

Für all diese Aktivitäten benötigt der Körper Energie. Den Ausgangsstoff für die Energiegewinnung liefert ihm die Nahrung mit ihren Eiweißen, Kohlenhydraten und Fetten. So unentbehrlich diese Bausteine auch sind, es bleiben nach ihrer Aufspaltung und Verstoffwechslung saure Abfallstoffe zurück, wie Harn- und Milchsäure, Kohlensäure und die stickstoffhaltigen Abfallstoffe. Je mehr Eiweiße, Kohlenhydrate und minderwertige Fette wir zu uns nehmen, umso höher sind die belastenden Rückstände in unserem Organismus.

Auch Kaffee, schwarzer Tee, Kakao, Alkohol, Nikotin und einige Medikamente hinterlassen saure Rückstände im Körper. Ebenso werden Farb- und Konservierungsstoffe sowie andere Substanzen zum Teil im menschlichen Organismus eingelagert. Aber nicht nur Nahrungsmittel hinterlassen im Körper schädliche Substanzen. Auch Stress, Ärger, Streit, Aggressionen, ein plötzlicher Schreck oder eine unvorhersehbare Freude können in Sekundenschnelle den Säurewert im Körper ansteigen lassen.

Zum Glück verfügt der Organismus über ein gut funktionierendes Puffersystem, auch werden diese giftigen Substanzen zum Teil über Nieren, Darm, Haut und Lungen wieder ausgeschieden, doch eine unaufhörliche Flut saurer Rückstände kann auch der Gesündeste auf Dauer nicht verkraften.
Ein junger, gesunder Körper hat noch reichlich Platz, diese überschüssigen Säuren einzulagern. Er transportiert sie dorthin, wo sie am wenigsten stören: in das Bindegewebe, in die Zellen, an die Gefäßwände, in das Auge, in die Gelenke, in die Muskulatur, in die Organe, in die Sehnen und Bänder sowie in und unter die Haut.

Da dieser Prozess der Selbstvergiftung so langsam vonstattengeht, wird er wenig beachtet. In der Tat lässt sich unser Körper auch lange Zeit nichts anmerken, doch mit zunehmendem Alter kann eine Übersäuerung zu den bekannten Zivilisationskrankheiten führen. Übrigens, nicht nur ein übergewichtiger Körper kann unter diesen Symptomen leiden, auch ein schlanker Körper kann stark übersäuert sein.

Die Selbstvergiftung stoppen

Dieser schleichende Selbstvergiftungsprozess kann durch eine vernünftige Ernährung verhindert werden. Dabei helfen Basen, die chemisch gesehen das Gegenteil der Säuren sind. Die basischen Stoffe sind in Gemüse, Salaten, Rohkost, Obst, Keimlingen und Kartoffeln enthalten. Sie sind fähig, den Überschuss an Säuren zu neutralisieren und aus dem Körper auszuscheiden. Der Körper verfügt auch über eigene Basenreserven. Sie sind Bestandteile unserer Knochen, Knorpel, Gelenke, Sehnen und Bänder. Werden bei den täglichen Mahlzeiten dem Körper nicht genügend basische Stoffe in Form von Vitaminen, Mineralstoffen, Enzymen und Spurenelementen zugeführt, holt er sich diese aus den eigenen Depots. Ganz langsam entmineralisiert sich so der Körper; Muskulatur und Knorpel bauen sich ab und die Knochen entkalken.

Die Hay'sche Trennkost reguliert das Säuren-Basen-Gleichgewicht, indem dem Körper hochwertige Vitamine, Mineralien und Enzyme zugeführt werden. Gleichzeitig findet eine schonende Entgiftung und Entsäuerung des Körpers statt.

Die natürliche Schwingung der Lebensmittel

Die tägliche Aufnahme von Vitaminen, Mineralstoffen, Spurenelementen und Enzymen ist die Grundlage für die Gesunderhaltung des Körpers und für seine Leistungsfähigkeit. Zum Beispiel ist ein roher Apfel wertvoller als fertig gekaufter Apfelbrei aus dem Glas. Das Gleiche gilt auch für Gemüse oder Getreide. Werden natürliche Lebensmittel industriell behandelt, verschönert oder haltbar gemacht, geht es immer auf Kosten der hochempfindlichen Vitamine oder Mineralien. Vollgestopft mit Zusatzstoffen wie Konservierungsstoffe, Antischimmelmittel, Geschmacksverstärker und Ähnliches, hat diese Nahrung ihre Lebendigkeit verloren.

Solchen Speisen fehlt das Licht in der Nahrung. In der Yogatheorie wird dieses nicht sichtbare Licht „Prana" genannt und stellt eine harmonische Schwingung dar. Diese ist auch in vielen anderen Harmonie- und Weisheitslehren bekannt, beispielsweise in Feng Shui, Qigong, Tái Chi, in der Bach-Blüten-Therapie oder in den Lehren vom Einfluss des Mondes. Danach besitzt alles um uns herum einen eigenen Schwingungskreis, der eine ständige Wirkung auf uns ausübt. Er ist in allen sichtbaren und nicht sichtbaren Objekten enthalten, z. B. in Klängen, Stimmen oder Farben. Ebenso steckt auch in der natürlichen Nahrung diese harmonische Schwingung.

In Fertiggerichten, Fast-Food- und Light-Produkten sind ebenfalls Schwingungen enthalten, aber nicht mehr in ihrer natürlichen und harmonischen Form. Diese wirken sich dementsprechend ungünstig auf die körperliche und geistige Verfassung jedes einzelnen Menschen aus. Viele werden aufgrund einer unnatürlichen Nahrung depressiv, schwermütig und stumpf. Andere reagieren aggressiv und sind leicht reizbar. So sind auch Missstimmungen und Krankheiten oftmals auf eine unausgeglichene Schwingung zurückzuführen.

Die gesunde Lebensmittelauswahl

Und so sollte die Lebensmittelauswahl bei der vollwertigen Trennkost aussehen: Bevorzugen Sie frische Salate, Rohkost, Gemüse, Obst, Vollkornerzeugnisse, Kartoffeln, Samen, Kerne, Nüsse, kaltgepresste Öle und dazu in kleinen Mengen Milchprodukte, Fisch und Fleisch. Nichts am Trennkostsystem ist kompliziert, im Gegenteil: Es ist sogar viel einfacher als die herkömmliche Zubereitung der üblichen Mahlzeiten. So werden statt drei Speisen – z. B. Kartoffeln, Fleisch und Gemüse – nur noch zwei Speisen zubereitet: Kartoffeln und Gemüse oder Fleisch und Gemüse.

Wenn es schnell gehen muss, können Paprika, Gurke, Tomate oder Kohlrabi einfach roh gegessen werden. Dazu passt ein Vollkornbrötchen und eventuell etwas Hüttenkäse. Sehr gut schmecken auch zwei frische Äpfel, dazu ein kleines Stück Käse. Die Speisen sollten lediglich harmonisch aufeinander abgestimmt werden, damit der Verdauungsprozess im Körper nicht behindert wird. Wenn Sie auf dem Gebiet der Trennkost und der Vollwerternährung noch Neuling sind, empfehle ich Ihnen, mit der Ernährungsumstellung ganz langsam und in kleinen Schritten zu beginnen. Lassen Sie sich Zeit, überstürzen Sie nichts. Alles soll freiwillig und ohne Zwang geschehen. Bedenken Sie: Essen ist eine Lebensfreude und Trennkost soll eine Bereicherung Ihres Lebens sein.

Ein Neubeginn für Körper und Seele

Die Trennkost erfüllt die Forderung des Hippokrates: „Die Nahrung soll Euer Heilmittel sein!" Entdecken Sie mit der Trennkost ganz neue Möglichkeiten der gesunden Ernährung.

Fit mit Trennkost

Der Körper muss Tag für Tag einiges verkraften: Falsche Ernährung, unzureichende Bewegung, geringe Sauerstoffzufuhr, Stress und Hektik wirken ebenso belastend wie Alkohol, Nikotin oder Medikamente. Um gesund und leistungsfähig zu sein, will der Körper gepflegt und verwöhnt werden. Fangen Sie mit der inneren Pflege an. Versorgen Sie Ihre Zellen mit allen lebensnotwendigen Stoffen, damit Sie fit und gesund durchs Leben gehen können. Es ist erwiesen, dass Gesundheit und Wohlbefinden im erheblichen Maße von der richtigen Ernährung und der damit verbundenen ausreichenden Versorgung mit Nährstoffen, Vitaminen, Enzymen, Mineral- und Ballaststoffen abhängig sind. Lernen Sie die Vorteile der Trennkost kennen:

- bessere Verträglichkeit der Speisen
- Entlastung der inneren Organe
- Entgiftung und Entsäuerung des Gewebes
- Stärkung von Energie und Leistungskraft
- verbesserte Lebensfreude und natürlich
- die gleichmäßige Gewichtsabnahme zum Normal- oder Idealgewicht

Besonders beliebt wurde die Trennkost wegen der einfachen und schnellen Zubereitung der Gerichte. Das Praktische daran ist, dass die ganze Familie mitessen kann. Wer nicht nach den Regeln der Trennkost essen möchte, ergänzt seine Mahlzeit einfach durch entsprechende Beilagen. Und da die Rezeptauswahl sehr groß ist, kann jeder seine eigene Geschmacksrichtung verfolgen.

Die Verträglichkeit der Speisen

Wir wissen aus der allgemeinen Vitamin- und Mineralstofflehre, dass sich gewisse Nährstoff-Zusammenstellungen in ihrer Wirkung behindern, aber auch verstärken können. So bestehen auch beim Essen gewisse Wechselbeziehungen und bei schlecht kombinierten Nahrungsmitteln kann der Körper mit Unverträglichkeiten reagieren, wohingegen gut kombinierte Speisen ein wohliges Gefühl hervorrufen.

Die Erklärung liegt in der Biochemie des Körpers, denn die unterschiedlichen Nahrungsmittel werden auch mit unterschiedlichen Verdauungssäften aufgespalten, zersetzt und verdaut. Dieser Akt der Verdauung ist für den Organismus eine schwere Arbeit und wird oft unterschätzt.

Die Kohlenhydrate werden zum Beispiel in einem basischen Milieu verdaut, die Eiweiße aber in einem sauren. So beginnt die Kohlenhydratverdauung schon im Mund durch die Einwirkung der Amylase, eines Enzyms im Speichel. Kohlenhydrate kommen reichlich in Getreide, Brot, Nudeln, Kartoffeln und Reis vor. Um die Vorverdauung durch die Amylase zu gewährleisten, ist gründliches Kauen sehr wichtig. Anhand eines kleinen Experiments können Sie die Vorverdauung selbst beobachten: Kauen Sie über einen längeren Zeitraum ein Stück trockenes Brot. Speicheln Sie es gründlich ein und nehmen Sie den zunehmenden süßlichen Geschmack wahr. Dieser entsteht, weil beim Kauen die im Brot enthaltene Stärke, also die Kohlenhydrate, aufgespalten wird. Dabei entstehen süß schmeckende Zucker.

Eiweiß dagegen wird im Mund noch nicht aufgespalten, denn hier fehlen die dafür nötigen sauren Säfte. Trotzdem ist auch bei den Eiweißmahlzeiten das intensive Kauen von größter Wichtigkeit, da Magen und Darm nicht über Zähne verfügen – aber trotzdem alles zerkleinern müssen. Eiweiß kommt in größeren Mengen in Fleisch, Fisch, Milch, Käse und Eiern vor. Um diese Speisen aufspalten zu können, produziert der Magen die Salzsäure und das Verdauungsenzym Pepsin.

Werden während einer Mahlzeit nun gleichzeitig reichlich Eiweiße und Kohlenhydrate zusammen gegessen, kann es zu Unverträglichkeiten kommen. Denn beim Verzehr von Eiweiß wird im Magen die Produktion von Salzsäure und Pepsin in Gang gesetzt. Diese Säfte behindern die Wirkung der Amylase aus dem Speichel und die Kohlenhydrate können nicht ausreichend aufgespalten werden. Isst man nur Kohlenhydrate, dann entstehen nur wenig saure Säfte im Magen und die Wirkung der Amylase bleibt besser erhalten. Die Kohlenhydrate können so besser verdaut werden.

Werden Nahrungsmittel stets falsch kombiniert und in zu großen Mengen verzehrt, dann kann es zu einer verzögerten und nicht ausreichenden Verdauung kommen. Liegen die unvollständig verdauten Nahrungsbestandteile dann zu lange im Darm, kommt es durch Wärme und Feuchtigkeit zu Gärung und Fäulnis. Die verfaulten Stoffe werden dann zur Leber transportiert, die alle diese Stoffe umbauen und entgiften muss. Diese starke Belastung des Darms und der Leber kann zu ernsthaften Komplikationen führen. Um dies zu vermeiden, teilte Dr. Howard Hay die Nahrungsmittel in verschiedene Gruppen ein.

Trennkost – richtig kombinieren

E

N

K

Die folgende Aufstellung zeigt Ihnen, welche Nahrungsmittelgruppen gemeinsam eingenommen werden können.

Kombinieren Sie Lebensmittel aus der Kohlenhydratgruppe mit Lebensmitteln aus der neutralen Gruppe. Auch die Lebensmittel aus der Eiweißgruppe können Sie mit denen aus der neutralen Gruppe kombinieren. Nicht gemeinsam verzehren sollten Sie Lebensmittel aus der Eiweißgruppe mit denen aus der Kohlenhydratgruppe.

Empfehlenswert: Eiweißgruppe + neutrale Gruppe

Empfehlenswert: Kohlenhydratgruppe + neutrale Gruppe

Nicht empfehlenswert: ~~Kohlenhydratgruppe + Eiweißgruppe~~

Das Missverständnis um die neutralen Lebensmittel

Da es in der Vergangenheit Missverständnisse gab, was den Verzehr der neutralen Nahrungsmittel angeht, war es notwendig, den Trennungsplan besser zu erklären. Das Wort „neutral" verleiht diesen Lebensmitteln eine gewisse Unbedenklichkeit und viele glauben, hier ordentlich zugreifen zu können. Dabei bedeutet „neutral" nicht kalorienarm, sondern lediglich, dass diese Zutaten sowohl mit eiweißreicher als auch mit kohlenhydratreicher Nahrung verzehrt werden dürfen.

Zu häufig wurde bei verschiedenen neutralen Produkten, wie Sahne, Vollfettkäse, roher Schinken, Räucherlachs oder klare Schnäpse, übermäßig zugegriffen. Diese Lebensmittel dienen aber nur der Bereicherung und geschmacklichen Verfeinerung der Mahlzeiten und sollten daher nur in kleinen Mengen auf dem Speiseplan stehen. Darum wurden die Lebensmittel der neutralen Gruppe unterteilt in zwei Gruppen:

Gruppe 1: Diese Lebensmittel nur sparsam verwenden

Gruppe 2: Diese Lebensmittel können ohne Begrenzung verzehrt werden

Die Aufteilung der neutralen Kost in zwei Untergruppen hat ihren Grund nicht nur in der höheren Kalorienzahl, sondern vor allem im Fett- und Salzgehalt bestimmter Nahrungsmittel. Ein Beispiel: Sie essen zwei Scheiben Vollkornbrot, gut belegt mit Butter und rohem Schinken. Die Butter und der Schinken zählen beide zur neutralen Kost. Diese kleine Mahlzeit ist, abgesehen von den Kalorien, gehaltvoller als mancher glaubt. Denn sie enthält den gesamten Tagesbedarf an Salz, wodurch vermehrt Wasser im Körper gebunden wird. Die Folgen von zu hohem Salzkonsum können Wasseransammlungen im Gewebe sein. Auch ein Austrocknen der Nieren ist nicht auszuschließen. Letztendlich werden Herz und Kreislauf unnötig belastet. Dies alles geht auf Kosten der Gesundheit und bedeutet gleichzeitig Energieverlust. Richtiger wäre es daher, Butter und Schinken zu reduzieren und zusätzlich vorab einen großen Teller der ebenfalls neutralen Lebensmittel Salat oder Gemüse zu essen.

Der frische Salat oder das Gemüse bewirkt eine Körperreinigung und zusätzliche Auffüllung der Basendepots. Salat und Gemüse enthalten neben anderen wertvollen Stoffen sehr viel Kalium, den natürlichen Gegenspieler von Natrium. Die Nierentätigkeit steigt dadurch und es wird vermehrt Wasser ausgeschieden. Mit dem verlorenen Wasser sinkt gleichzeitig das Gewicht.

Der große Trennungsplan

Überwiegend eiweißhaltige Lebensmittel

Eiweißhaltige Speisen nur mit neutralen Lebensmitteln (aus Gruppe 1 und 2) verbinden

Gegarte Fleischsorten aller Art,
jedoch Schweinefleisch bitte meiden
Bratenfleisch, Steaks, Rouladen, Schnitzel, Gulasch, Hackfleisch vom Rind, Kalb, Lamm, Geflügel, Gans, Ente, Wild, Fleischfond

Gegarte Fischsorten und Krustentiere
Brasse, Flunder, Forelle, Hering, Heilbutt, Kabeljau, Krebs, Lachs, Langusten, Rotbarsch, Scholle, Seelachs, Seeteufel, Steckmuscheln, Thunfisch, Tintenfisch unpaniert, Fischfond

Eier
Eier in jeder Form und Zubereitungsart: gefüllte und gekochte Eier, Omelette, pochierte Eier, Rühr- und Spiegeleier

Milch
Alle Trinkmilchsorten, egal welche Fettstufe

Käse
Alle erhitzten Käsesorten wie z. B. Allgäuer Bergkäse, Bel Paese, Biarom, Bierkäse, Blue Stilton, Bonbel, Burlander, Butterkäse, Cantadou, Cantal, Cheddar, Chester, Chorherrenkäse, Danbo, Donautaler, Edamer, Esrom, Fol Epi, Fontal, Gorgonzola, Gouda, Grünländer, Harvarti, Höhlenkäse, Illertaler, Jausenkäse, Maasdamer, Mondseer, Moosbacher, Münsterkäse, Old Amsterdamm, Original Sennkäse, Paladin, Pecorino, Pikantje von Gouda, Rottaler, Salzburger Bauernkäse, Steppenkäse, Tilsiter, Trappistenkäse

Getränke
Obstsäfte, Apfelwein, herber Weiß-, Rot- und Roséwein, trockener Sekt

Obst
Einheimische Sorten: Äpfel, frisch und saftig, Aprikosen, Birnen, Brombeeren, Erdbeeren, Himbeeren, Johannisbeeren, Kirschen, Mirabellen, Nektarinen, Pfirsiche, Pflaumen, Quitten, Reineclauden, Rhabarber, Sauerkirschen, Stachelbeeren, Weintrauben
Zitrusfrüchte und exotische Obstsorten: Ananas, Granatäpfel, Grapefruits, Kakis, Kiwis, Kumquats, Limetten, Litschis, Mandarinen, Mangos, Orangen, Papayas, Passionsfrüchte, Zitronen

Sonstiges
Gekochte Tomaten, Essig, Balsamico- und Himbeeressig

Neutrale Lebensmittel

Die Neutralen sind in 2 Gruppen unterteilt – nach Säure bildender und Basen bildender Kost.

Neutrale Lebensmittel, Gruppe Teil 1 (Säurebildner)
Die Lebensmittel aus Teil 1 nicht zu üppig verwenden.

Fette

Kaltgepresste Öle, Butter, ungehärtete Margarine und Plattenfette

Gesäuerte Milchprodukte

Joghurt, Buttermilch, Dickmilch, Kefir, Quark, saure Sahne, süße Sahne, Crème fraîche, Kaffeesahne

Sojaprodukte

Sojamilch, -creme, -sahne, Sojafleisch, Tofu

> Tofu, Soja und Sojamilch zählten bisher zu den Eiweißen, aber nach den neuesten Erkenntnissen gehören sie in die Gruppe der Neutralen. Durch die Gerinnung haben diese bereits ihre erste Verstoffwechslung hinter sich und stören somit nicht den Verdauungsablauf.

Käse

Alle Käsesorten, die aus naturbelassener roher Milch geschöpft und hergestellt werden, sind durch Milchsäurebakterien gesäuert, damit leichter verdaulich und zählen zu den Neutralen. Bei pasteurisierten Käsesorten fehlt oftmals die natürliche Säuerung, dadurch sind diese etwas schwerer verdaulich und zählen zu den Eiweißen.

Hartkäse: Beaufort, Caciocavallo, Comté, Fiore Sardo, Grana Padano, Greyerzer, Grüntener, Idiazàbal, Jurassic, Kefalotyri, Manchego, Montasio, Original Parmesan, Provolone, Sbrinz Switzerland, Urtaler.
Diese Sorten eignen sich frisch gerieben gut zu Nudelgerichten.
Schnittkäse: Allgäuer Emmentaler, Appenzeller, Asiago Pressato, Fontina, Halloumi, Majorero, Morbier, Pyrenäenkäse, Schweizer Raclette, Rahmgouda, Reblochon de Savoie, Salers, Thurgauer, Tomme de Savoie, Wörishofener.
Diese Sorten eignen sich gut als Brotbelag und zum Überbacken.
Weichkäse: Amalthée, Banon Chèvre, Brie de Meaux, Brocciu, Cabrales, Camembert, Chaource, Coulommiers, Epoisses, Feta, Fromage Hansi, Liptauer, Mont d'or, Munster Géromé, Pouligny Saint-Pierre, Roquefort, Sant Albray, Ziegenmünster.
Diese Sorten eignen sich gut als Brotbelag.
Sauermilch- und Frischkäse: Bresso (egal welche Fettstufe), Frischkäse, Handkäse, Harzer Roller, Hüttenkäse, Korbkäse, Mainzer, Mascarpone, Mozzarella, Olmützer Quargel, Picandou Fermier, Ricotta, Robiola Osella, Schafskäse, Tiroler Graukäse, Ziegenkäse.
Diese Sorten eignen sich gut als Brotbelag, teils zu Pellkartoffeln, teils auch zum Überbacken.

Rohe luftgetrocknete oder roh geräucherte Wurstwaren

Bündner Fleisch, Salami, Debrecziner, Lachsschinken, roher Schinken

Neutrale Lebensmittel

Rohes Fleisch

Tatar: Rohes Fleisch nur ganz frisch verwenden und nicht zu häufig verzehren.

Fisch

Roh, mariniert: Bismarckhering, Lachs gebeizt, Matjeshering, Sardellen
Geräuchert: Aal, Bückling, Forelle, Heilbutt, Lachs, Makrele, Schillerlocken

Nüsse und Samen

Haselnüsse, Kokosnuss, Leinsamen, Mandeln, Mohn, Sesam, Sonnenblumenkerne, Walnüsse. Erdnüsse meiden, sie sind schwer verdaulich.

Essig und Essigersatz

Vergorenes Molkekonzentrat (Molkosan), Obstessig, Brottrunk, Feigen-Balsamico und sehr alte Balsamico-Essige

> Feigen-Balsamico oder sehr alte Balsamico-Essige haben aufgrund ihrer langen Lagerung ihre übermäßige Säure verloren und zeigen nun eine basische Reaktion. Darum können sie, ebenso wie der Obstessig, gut zusammen mit Kohlenhydraten genossen werden.

Klare hochprozentige Spirituosen

Korn, Wacholder, klarer Obstbrand

Sonstiges

Rosinen, Oliven, Eigelb, Hefe, frische Kokosmilch, Gemüsebrühe

**Neutrale Lebensmittel,
Gruppe Teil 2 (Basenbildner)**

Neutrale Lebensmittel aus Teil 2 können ohne Mengenbegrenzung verzehrt werden.

Gemüse

Auberginen, Artischocken, Avocados, Brokkoli, Blumenkohl, grüne Bohnen, Chicoée, Chinakohl, grüne Erbsen, Fenchel, Grünkohl, Gurken, Knoblauch, Knollensellerie, Kohlrabi, Kürbis, Lauch, Mais frisch, Mangold, Melonen, Möhren, Okra, Palmherzen, Paprikaschoten, Peperoni, Radieschen, Rettich, rote Beten, Rosenkohl, Rotkohl, Sauerkraut, Schwarzwurzeln, Spargel, Spinat, Spitzkohl, Staudensellerie, rohe Tomaten, Topinambur, Weißkohl, Wirsing, Zucchini, Zwiebeln

Blattsalate

Bataviasalat, Eichblattsalat, Eisbergsalat, Endiviensalat, Feldsalat, Friséesalat, Kopfsalat, Lollo biondo, Lollo rosso, Radicchio, Rauke/Rucola, Römischer Salat

Pilze

Austernpilze, Champignons, Egerlinge, Morcheln, Pfifferlinge, Shiitake-Pilze, Steinpilze oder andere Waldpilze, Trüffeln

Sprossen und Keime

Alfalfasprossen, Mungobohnensprossen, Radieschensprossen oder andere Keimlinge

Geliermittel

Agar-Agar, Biobin, Gelatine (tierisches Produkt)

Sonstiges

Kräuter, Gewürze (Meerrettich, Pfeffer, Senf, Zitrusschale), Kräutertees, Malzkaffee, Naturmolke, Heidelbeeren, Stevia

Überwiegend kohlenhydrathaltige Lebensmittel

Kohlenhydrathaltige Speisen nur mit neutralen Lebensmitteln (aus Gruppe 1 und 2) verbinden.

Vollkorngetreide und Vollkornerzeugnisse

Amaranth, Buchweizen, Bulgur, Dinkel, Gerste, Grünkern, Hafer, Hirse, Quinoa, Roggen, Weizen, Getreideflocken, Vollkornbrot, Vollkornbrötchen, Kuchen und Gebäck aus Vollkornmehl, Vollkornnudeln, Hartweizennudeln ohne Ei, Naturreis, Parboiled Reis

Obst

Abgelagerte Äpfel, Bananen, frische Datteln, frische Feigen, ungeschwefeltes Trockenobst

Süßungsmittel

Agavendicksaft, Ahornsirup, Birnen- und Apfeldicksaft, Fruchtzucker, Frutilose, Honig, Stevia
Diese Süßungsmittel dürfen alle in kleinen Mengen auch zum Abschmecken von Eiweißgerichten verwendet werden.

Sonstiges

Bier, Kartoffelstärke, getrocknete Pilze, getrocknete Tomaten

Diese Nahrungsmittel bitte meiden

Fertiggerichte und Konserven: Kleine Abweichungen sind erlaubt. So sind z. B. Tomaten aus der Dose erheblich gesünder als Wintertomaten aus dem Treibhaus. Dosentomaten werden in der Hauptsaison vollreif verarbeitet. Dadurch enthalten sie erheblich mehr vom gesunden roten Farbstoff „Lycopin". Dieser Stoff gehört zur Gruppe der Carotinoide und ist bekannt für seine zellschützende Wirkung. Frische Tomaten enthalten 5,8 mg Lycopin pro 100 g; Konserventomaten satte 14 mg/100 g. In konzentriertem Tomatenmark stecken sogar 42 mg auf 100 g. Auch Mineralstoffe wie Magnesium, Kalium und Calcium sind in Dosentomaten noch erhalten, doch das Vitamin C und die B-Vitamine bleiben beim Konservieren leider auf der Strecke.

Polierten Reis und **weißes Mehl** und die daraus hergestellten Produkte, z. B. süße und pikante Backwaren sowie helle Nudeln. Vollkornnudeln sind nicht jedermanns Geschmack. Die Alternative dazu: Hartweizennudeln ohne Ei

Zucker, Süßstoffe und daraus hergestellte Produkte, z. B. Süßwaren, Marmeladen und Gelees

Schweinefleisch und Schweinefleischerzeugnisse wie Wurst und Schinken

Gehärtete Fette, z. B. normale Margarine, feste, weiße Frittier- und Bratfette (Plattenfette)

Bohnenkaffee, schwarzen Tee und Kakao in großen Mengen

Hochprozentige **Spirituosen**

Die Trennkost in der Praxis

Im folgenden Kapitel erkläre ich Ihnen, wie einfach die Trennkost im täglichen Leben aussehen kann.

Umstellen auf Trennkost: der Umschalttag

Bevor Sie Ihre Ernährung auf Trennkost umstellen, sollten Sie einen Umschalttag einlegen. Dieser dient der Anregung des Stoffwechsels und auch der Entgiftung. Trinken Sie an diesem Tag besonders viel. Geeignet sind dafür natriumarmes stilles Mineralwasser sowie Tee (Früchte- und Kräutertee). Nachfolgend finden Sie drei verschiedene Vorschläge für den Umschalttag. Wählen Sie nach Belieben aus. Übrigens, bei allen Beispielen (außer beim Obsttag) können Sie morgens noch eine Kleinigkeit frühstücken.

Gemüse-Salat-Tag: Essen Sie an diesem Tag Salat und/oder Gemüse der Saison in roher oder leicht gedünsteter Form. Die Menge dieser Lebensmittel richtet sich dabei ganz nach Ihrem persönlichen Appetit. Nach Belieben können Sie zum Würzen etwas Kräutersalz und zum Dünsten etwas Öl verwenden.

Obsttag: Bis zum Nachmittag können Sie an diesem Tag frische Früchte der Saison aus der Eiweißgruppe essen. Die Menge richtet sich auch hier nach Ihrem Appetit. Ab 17:00 Uhr stehen dann noch 2 mittelgroße Bananen oder 2 mittelgroße Pellkartoffeln auf Ihrem Speiseplan.

Kartoffelgemüsesuppen-Tag: An diesem Tag gibt es eine Suppe aus drei Kartoffeln, einer Zwiebel, einer großen Stange Lauch, einem Stück Knollensellerie und drei Möhren. Das exakte Gewicht spielt hier keine Rolle. Und so wird die Suppe zubereitet: Putzen Sie das Gemüse, waschen und zerkleinern Sie es. Dann geben Sie es in einen großen Topf, füllen mit

Wasser auf und fügen nach Belieben frische, gehackte Kräuter und Gewürze (z. B. Petersilie, Majoran, Liebstöckel, Kümmel und Knoblauch) hinzu. Anschließend wird alles zugedeckt bei mittlerer Temperatur gegart, bis das Gemüse weich ist. Zum Schluss können Sie die Suppe mit etwas Gemüsebrühe abschmecken. Die Suppe dann über den Tag verteilt essen.

Frühstück

Beginnen Sie den Tag mit einem Obstfrühstück, einem Müsli, einem Eiergericht oder einem Brot mit Belag.

Wenn Sie morgens gerne **Obst** essen möchten, empfiehlt Dr. Hay, möglichst bei einer Sorte beziehungsweise bei artverwandten Früchten zu bleiben. Zum Beispiel Pfirsiche und Nektarinen, Apfelsinen und Mandarinen, bei Beerenobst Himbeeren, Erdbeeren, Brombeeren, bei Steinobst Mirabellen und Pflaumen usw. Diese zu den Eiweißen gehörenden Obstsorten sollte man nicht mit kohlenhydratreicher Kost mischen, da diese Kombinationen Unverträglichkeiten verursachen können.

Möchten Sie zum Frühstück lieber ein **Müsli** essen, dann geben Sie statt frischer Milch besser ein gesäuertes Milchprodukt hinzu, wie zum Beispiel Joghurt, Buttermilch, Kefir oder mit Wasser verdünnte Sahne. Zusätzlich können Sie das Müsli mit Nüssen, Rosinen, Honig, Banane oder mit einem abgelagerten Apfel anreichern.

Sie können sich auch **Spiegel- oder Rühreier** braten, dann aber kein Brot, sondern besser Tomaten, Gurken, Paprikaschoten oder Radieschen dazu essen.

Wenn Sie zum Frühstück lieber **Brot** essen möchten, dann achten Sie auch hier auf eine harmonische Zusammenstellung. Wählen Sie dazu aus dem Trennungsplan etwas aus der neutralen Gruppe aus. Da es keine hundertprozentige Trennung von eiweißhaltigen und kohlenhydrathaltigen Lebensmitteln gibt, kann man das Brot mit kleinen Mengen Wurst oder Käse belegen. Ebenfalls möglich sind süße Brotaufstriche, zum Beispiel Hagebuttenmus oder Marmelade aus Heidelbeeren.

Wenn Sie zum Frühstück auf **Kaffee** oder **schwarzen Tee** nicht verzichten möchten, dann sollte die Säure mit etwas Kaffeesahne oder Sojamilch gemildert werden.

1. Zwischenmahlzeit

Etwa 2 bis 3 Stunden nach dem Frühstück ist es sinnvoll, eine kleine Zwischenmahlzeit einzulegen. Hier bietet sich frisches säurereiches Obst an, wie zum Beispiel Ananas, Apfelsine, Erdbeeren, ein frischer saftiger Apfel oder eine Birne. Sie können aber auch in beliebiger Menge Möhren, Paprika, Gurke oder ähnliches rohes Gemüse essen, einen Joghurt zu sich nehmen oder ein Glas Buttermilch trinken.

Mittagessen

Mittags können Sie unter einer Eiweiß- **oder** einer Kohlenhydratmahlzeit auswählen. Wichtig ist, egal ob Sie eine Eiweiß- oder Kohlenhydratmahlzeit bevorzugen, dass Sie vor oder zu der Mahlzeit einen Teller Salat, Rohkost oder Gemüse essen. Nach dem Mittagessen sollten Sie Ihrem Magen eine Pause von etwa 3 bis 4 Stunden gönnen und in dieser Zeit nichts essen.

Trinken Sie vor dem Mittagessen in kleinen Schlucken noch ein großes Glas Wasser oder Tee. Zum Mittagessen selbst sollten Sie nichts trinken, da

jedes Getränk die Verdauungssäfte im Magen verdünnt und die Verdauung so gestört und verzögert wird.
Sie können eine halbe Stunde vor dem Mittagessen säurereiches Obst essen. Es sättigt nicht nur, sondern reichert zusätzlich den gesamten Organismus mit wertvollen Vitaminen und Enzymen an. Da das Obst leicht verdaulich ist und sehr schnell im Körper verstoffwechselt wird, können Sie anschließend auch eine kohlenhydratreiche Mahlzeit zu sich nehmen.

Wenn Sie sich für eine **Eiweißmahlzeit** entscheiden, dann haben Sie die Wahl zwischen Fleisch, Fisch, Käse oder Ei. Bevorzugen Sie beim Einkauf von Fleisch die mageren Sorten, zum Beispiel Geflügel. Vermeiden Sie größere Mengen Fleisch, insbesondere Schweinefleisch und die daraus hergestellten Produkte. Legen Sie eventuell 2 bis 3 fleischlose Tage in der Woche ein, um einer Übersäuerung des Gewebes mit den damit verbundenen Stoffwechselstörungen vorzubeugen.

Wenn Sie sich mittags für eine **Kohlenhydratmahlzeit** entscheiden, dann können Sie unter Gerichten mit Getreide, Nudeln, Reis oder Kartoffeln wählen.

Zu besonderen Gelegenheiten oder festlichen Anlässen kann man zur Eiweißmahlzeit ein Glas trockenen Wein und zur Kohlenhydratmahlzeit ein Glas Bier trinken.

2. Zwischenmahlzeit

Am Nachmittag sinkt bei fast allen Menschen der Blutzuckerspiegel. Essen Sie jetzt eine reife Banane oder 2 Esslöffel Haferflocken mit Kefir. Süßen Sie die Haferflocken mit Honig und ein paar Rosinen. Oder wählen Sie ein Dessert aus dem Rezeptteil.

Abendessen

Speziell am Abend empfiehlt es sich, leicht verdaulich zu essen. Ein leichter Kohlenhydratimbiss fördert das Schlafhormon Melatonin, erleichtert so das Einschlafen und sorgt für einen erholsamen Schlaf. Auch hier sollte die Beilage aus Gemüse oder Salat nicht fehlen. Wenn Sie am Abend keine rohen Salate mehr vertragen, dann können Sie diese in etwas Butter oder Öl leicht dünsten.

Natürlich können Sie auch eine Eiweißmahlzeit wählen. Neuere Abnehmmethoden empfehlen, am Abend eiweißreich zu essen, um über Nacht die Fettreserven angreifen zu können. In Hinsicht auf den Blutzuckerspiegel und die Gewichtsabnahme hat dies durch das Ausbleiben des Insulinanstiegs sicherlich Sinn. Entscheiden Sie selbst nach eigener Verträglichkeit.

Bei der Trennkost kommt es nach den Mahlzeiten nicht zu einem Leistungsknick. Auch nach einer reichhaltigeren Mahlzeit bleibt man frisch und fit. Ganz anders bei einer gemischten Kost, bei der man etwa 20 Minuten nach dem Essen von einer bleiernen Müdigkeit befallen wird.

Empfehlenswerte Essenszeiten und -pausen

Mahlzeit	Essenszeit	Essenspause danach
Frühstück	8:00 Uhr	2 – 3 Stunden
1. Zwischenmahlzeit	11:00 Uhr	1 $^1/_2$ Stunden
Mittagessen	12:30 Uhr	3 – 4 Stunden
2. Zwischenmahlzeit	16:00 Uhr	2 Stunden
Abendessen	18:00 – 20:00 Uhr	bis zum Frühstück

Mengenplan für 1 Person

Dieser Plan zeigt Ihnen, wie ein Tag mit der Trennkost aussehen sollte. Sie sehen, was und wie viel Sie beispielsweise zum Frühstück oder am Mittag essen können und in welchen ungefähren zeitlichen Abständen die verschiedenen Mahlzeiten eingenommen werden sollten. Die Gewichtsangaben sowie die Uhrzeiten auf dem Mengenplan sind nur Richtwerte und sollten Ihrem individuellen Tagesrhythmus angepasst werden.

1 Glas (etwa 200 ml) natriumarmes stilles Mineralwasser

Frühstück
Wählen Sie zwischen einer Kohlenhydrat-, einer Eiweiß- und einer Obstmahlzeit.

Kohlenhydratmahlzeit □□□

	1 Scheibe Vollkornbrot (50 g)
oder	1 Vollkornbrötchen
oder	3 Scheiben Vollkornknäckebrot dünn mit Butter oder Margarine bestreichen
	dazu:
	30 g Wurst (ca. 3 dünne Scheiben)
oder	30 g Käse ab 60 % Fett i. Tr. (ca. 1 Scheibe)
oder	50 g Quark (ca. 2 EL)
oder	2 TL Honig

Eiweißmahlzeit □□□

2 Eier (als Spiegeleier, Rühreier, gekocht, im Glas oder andere Zubereitungsarten), dazu Tomaten, Gurken, Paprikaschoten, Radieschen oder ein anderes neutrales Gemüse, aber kein Brot

Obstfrühstück

frisches Obst der Saison in beliebiger Menge. Mischen Sie fruchtsäurehaltige Obstsorten aber nicht mit Bananen, Datteln oder Feigen.
Wer auf seinen Kaffee oder schwarzen Tee nicht verzichten möchte, sollte ihn mit etwas süßer Sahne, eventuell auch mit etwas Honig oder Stevia verfeinern.

1 großes Glas Tee oder stilles Mineralwasser

1 großes Glas Tee oder stilles Mineralwasser

Zwischenmahlzeit

	200 g Obst der Saison
oder	250 ml frische Milch
oder	angesäuerte Milchprodukte
oder	100 g Obst, dazu 125 ml Milch oder angesäuerte Milchprodukte
oder	Rohkost in beliebiger Menge

1 großes Glas Tee oder stilles Mineralwasser

Mittagessen und Abendessen
Sie haben jeweils die Wahl zwischen einer Eiweiß- und einer Kohlenhydratmahlzeit.

Eiweißmahlzeit ☐☐☐

	150 – 180 g Fleisch
oder	150 – 200 g Fisch
oder	2 Eier
oder	60 g Käse.
oder	100 g gegarte Wurstsorten, dazu: 400 g neutrales Gemüse und Salat

Kohlenhydratmahlzeit ☐☐☐

	50 g Getreide
oder	60 g Naturreis (roh gewogen)
oder	90 g Vollkornnudeln ohne Ei (jeweils roh gewogen)
oder	200 g Kartoffeln, dazu: 400 g Gemüse und Salat

Zusätzlich zu den Zutaten für die Eiweiß- oder Kohlenhydratmahlzeit können Sie kleine Mengen Butter, Margarine, Öl oder Sahne verwenden. Sie sind alle neutral und passen immer dazu. Während einer Hauptmahlzeit sollte man nichts trinken, da die Verdauungssäfte dadurch verdünnt werden. Falls Sie nicht darauf verzichten wollen, trinken Sie die Flüssigkeit nur in kleinen Schlucken.

1 großes Glas Tee oder stilles Mineralwasser

1 großes Glas Tee oder stilles Mineralwasser

1 großes Glas Tee oder stilles Mineralwasser

Zwischenmahlzeit

	1 Banane
oder	1 Müsliriegel ohne Zucker
oder	1 Portion süßes oder pikantes Gebäck
oder	1 Scheibe Knäckebrot mit Honig
oder	2 EL Quark mit 1 TL Honig
oder	1 EL Vollkornhaferflocken und 1 Becher Joghurt
oder	200 g angesäuerte Milchprodukte (keine Frischmilch trinken, da sie nachmittags schwerer verdaulich ist)
oder	200 g Obst der Saison
oder	Rohkost in beliebiger Menge

1 großes Glas Tee oder stilles Mineralwasser

Die schnelle Trennkost-Küche

Trotz knapper Zeit ein schmackhaftes und gesundes Essen auf den Tisch zu bringen ist bei der Trennkost kein Problem, man muss nur wissen, wie. In diesem Abschnitt finden Sie viele nützliche Tipps, wie Sie Zeit sparen können und wie Sie sich das Kochen nach den Trennkostregeln vereinfachen können.

Salate – im Nu fertig: Eine schnelle und unkomplizierte Mahlzeit ist z. B. ein Salat. Den Feinschmeckersalat (Seite 52) können Sie ganz nach Lust und Geschmack variieren. Das Grundrezept besteht hier immer aus den gleichen Salatsorten. Diese können Sie natürlich je nach Saison und Geschmack verändern. Nehmen Sie zum Beispiel Salatgurke, Eisbergsalat, Tomaten, Paprika und Radieschen. Von der Salatsauce bereiten Sie gleich die doppelte Menge auf Vorrat zu. Den Pfiff erhält so eine Salatgrundmischung dann durch die abwechslungsreichen Zutaten, mit denen der Salat immer wieder eine andere Geschmacksnote bekommt. Die verschiedenen Variationen des Feinschmeckersalats dienen Ihnen als Anregungen für eigene Salatvariationen.

1-mal kochen – 2-mal essen: Planen Sie beim Kochen schon die nächste Mahlzeit mit ein, indem Sie Pellkartoffeln, Nudeln oder Reis in doppelter Menge garen. Dann können Sie einmal die heißen Pellkartoffeln mit Matjes in Dillstippe (Seite 88) essen und zur nächsten Mahlzeit aus den abgekühlten Pellkartoffeln knusprige Bratkartoffeln (Seite 77) mit Rote-Bete-Dip (Seite 59) zubereiten. Mit Nudeln oder Reis können Sie ebenso verfahren: Die frisch gekochten Nudeln kommen zusammen mit gebratenen Zucchini (Seite 92) auf den Tisch, am nächsten Tag wird aus dem Rest ein knuspriger Auflauf mit Käsekruste (Seite 93).

Auch Fleischgerichte (Eiweißmahlzeiten) lassen sich gut in doppelter Menge zubereiten. Frikadellen essen Sie beispielsweise als warme Mahlzeit zusammen mit Butterbohnen (Seite 98).
Die restlichen Frikadellen können Sie am nächsten Tag mit zur Arbeit nehmen. Hähnchen- oder Putenfleisch, in doppelter Menge gebraten, essen Sie zuerst als Pfannengericht mit Champignons (Seite 106). Das restliche, abgekühlte Fleisch bildet, in feine Streifen geschnitten, eine Variation für den Feinschmeckersalat (Seite 52).

Bei Gemüse können Sie es sich ebenfalls leicht machen: Blumenkohl, grüne Bohnen, Möhren, Spargel oder andere Gemüsesorten, in doppelter Menge zubereitet, können einmal als warme Mahlzeit genossen werden, der Rest findet als Salat oder Suppeneinlage bei der nächsten Mahlzeit Verwendung.

Trennkost am Arbeitsplatz

Gerade am Arbeitsplatz, wo für aufwendige Essenszubereitung keine Zeit ist, sind schnelle Gerichte sehr gefragt. Aber trotz aller Eile sollten Sie die gesunde Ernährung auch hier nicht vernachlässigen. Wahllos irgendetwas in sich hineinzustopfen macht unzufrieden und oft müde. Steigen Sie auch am Arbeitsplatz vom schnellen Snack aus der Tüte oder von der Imbissbude um auf Trennkostmahlzeiten. Diese Speisen befriedigen und bewirken nach dem Essen kein Leistungstief. Sie werden es sehr schnell spüren: Mithilfe dieser Ernährungsumstellung lässt sich auch die zweite Tageshälfte mit Schwung und guter Laune bewältigen. Es ist gar nicht schwer, gesundes Essen und den Arbeitsplatz miteinander zu vereinbaren.
Wenn Sie in einer **Kantine** mit vielseitigem Angebot essen, dann nehmen Sie bei einer Eiweißmahlzeit statt der dazugehörigen Kartoffeln oder

Nudeln besser eine doppelte Portion Salat. Bei einer Kohlenhydratmahlzeit, also einem Reis- oder Nudelgericht, verzichten Sie auf die Fleischbeilage und essen Sie auch hier den großen Salat- oder Gemüseteller.

Sind Sie **„Selbstversorger"**, dann empfiehlt es sich, am Abend zuvor die doppelte Menge eines Gerichts zuzubereiten und die zweite Portion am nächsten Tag mit an den Arbeitsplatz zu nehmen. Zum Mitnehmen eignen sich zum Beispiel Frikadellen, kalter Braten, Roastbeef und Geflügelfleisch, gekochte Eier, Käse, Joghurt- oder Quarkspeisen. Natürlich sollte der Salat dazu nicht fehlen. Wählen Sie für den Salat Zutaten aus, die auch einen längeren Transport vertragen. Tomaten- und Gurkenscheiben, blanchierte Blumenkohl- und Brokkoliröschen, gegarte grüne Bohnen sowie Paprikastreifen, Eisbergsalat und andere feste Gemüsearten sind ideale Bestandteile für solche Salate.
Hier noch einige Tipps, wie Sie Ihre selbst zubereiteten Gerichte problemlos zur Arbeit transportieren können: Flüssige, warme Gerichte, wie Suppen und Eintöpfe, erhitzen Sie morgens kurz und füllen Sie dann in eine Thermobox. Darin bleibt Ihre Mahlzeit bis zur Mittagspause warm. Andere warme Mahlzeiten lassen sich gut in verschließbaren Behältern mitnehmen. An der Arbeitsstelle können Sie sie dann auf einer Kochplatte oder im Mikrowellenherd erwärmen. Verpacken Sie Salate und Dressing getrennt in zwei Plastikboxen. Mischen Sie Salat und Sauce erst kurz vor dem Essen, damit er noch knackig ist. Ausgenommen sind natürlich Salate, die laut Rezept eine gewisse Zeit durchziehen müssen.

Essen im Restaurant

In netter Runde zu speisen oder die kulinarischen Spezialitäten eines Restaurants zu erkunden, das alles bedeutet Genuss und Lebensfreude. Als Trennköstler brauchen Sie keinesfalls auf Geselligkeit zu verzichten. Damit das anfängliche Wohlbefinden aber nicht mit einem Völlegefühl endet, hier ein paar sinnvolle Ratschläge.

Bestellen Sie zuerst ein Glas Mineralwasser und wählen Sie dann auf der Speisekarte in aller Ruhe nach Belieben zwischen einer Eiweiß- oder Kohlenhydratmahlzeit aus. Haben Sie sich für Fleisch oder Fisch entschieden, also für ein Eiweißgericht, nehmen Sie als Beilage Gemüse oder Salat statt Kartoffeln, Kroketten, Nudeln oder Reis. Wenn Sie lieber eine Kohlenhydratmahlzeit essen möchte, versetzen Sie sich einfach in die Lage eines Vegetariers und wählen Sie ein Gericht ohne Fleisch und Fisch. Während Sie auf Ihr Essen warten, können Sie in Ruhe Ihr Glas Mineralwasser austrinken. So sind Sie vor der Verführung gefeit, sich schon vor dem Essen mit Weißbrot vollzustopfen. Nehmen Sie sich anschließend zum Essen genügend Zeit. Genießen Sie in angenehmer Atmosphäre das Ihnen gebotene Mahl.

Trennkost auch im Urlaub?

In den schönsten Wochen des Jahres will sich niemand kasteien oder sich selbst Zwänge auferlegen. So kommt es besonders im Urlaub vor, dass mehr gegessen und getrunken wird als zu Hause. Damit diese erlebnisreiche Zeit nicht zum Albtraum für Magen und Darm wird, sollten Sie das Motto „Essen in Harmonie" auch im Urlaub beachten. Packen Sie also die Trennkostprinzipien in Ihr Reisegepäck und kombinieren Sie die Nahrungsmittel so miteinander, dass weder Sodbrennen und Magendrücken noch Gallenbeschwerden, Durchfall oder Verstopfung diese schöne Zeit trüben. Haben Sie keine Angst davor, durch Trennkost in Ihrem Urlaub auf Vergnügen und Lebensfreude verzichten zu müssen! Trennkost ist ein wahrer Stimmungsmacher für innere Gefühle, denn sie macht nicht nur zufrieden, sondern lädt unseren Körper mit lang anhaltenden Energien auf.

Probieren Sie es selbst aus. Stellen Sie an Ihrem Urlaubsort Ihre Speisen nach den Regeln der Trennkost zusammen. Die nächste Mahlzeit essen Sie dann einmal probehalber ohne diese harmonische Zusammenstellung. Unser intelligentes Verdauungs- und Nervensystem macht jetzt ganz von alleine auf Unverträglichkeiten aufmerksam.

Abnehmen mit Trennkost

Nach verschiedenen Studien ist fast jeder Zweite in Deutschland mit seinem Körpergewicht unzufrieden. Vor allem Frauen, aber auch immer mehr Männer würden gerne ihre Figur verändern und stürzen sich deshalb immer wieder in neue Diäten hinein. Doch die Erfahrung zeigt, wer ständig versucht, sein Übergewicht durch Abmagerungskuren zu verringern, wird auf Dauer gesehen seinem Körper mehr schaden als nutzen. Ein junger Mensch nimmt oft noch spielend ab, doch mit zunehmendem Alter verlangsamt sich der Stoffwechsel, sodass das Abnehmen immer schwerer wird.

Der bessere Weg zu einer dauerhaften Gewichtsabnahme ist die Ernährungsumstellung. Harmonisch zusammengestellte Mahlzeiten entlasten nicht nur das innere Verdauungssystem, sondern wirken sich auch positiv auf den Blutzuckerspiegel aus.

Darüber hinaus spielen natürlich die eigenen Ernährungsgewohnheiten, also wie und wann man das Essen zu sich nimmt, eine große Rolle. Statt in Hektik und Stress das Essen hastig herunterzuschlingen, sollten Mahlzeiten in einer ruhigen Atmosphäre genossen werden. Snacks, in großer Eile gegessen, können den Organismus nicht befriedigen. Ein ständiges Verlangen nach Essen und Kauen bleibt zurück. Nach einer in Ruhe eingenommenen Mahlzeit hingegen produziert der Körper Substanzen, die im Gehirn eine innere Befriedigung auslösen und zusätzlich für gute Laune sorgen. So wirkt sich Essen auf die Psyche aus, und es ist verblüffend zu beobachten, wie eine einzige Mahlzeit die Stimmung eines Menschen total verändern kann. Darum sollte jeder die Wichtigkeit des Essens begreifen und von nun an mehr Zeit und Sorgfalt in eine gute Mahlzeit investieren.

Insulin – Schlüsselsubstanz für die Fettgewebsneubildung

Ein weiterer Erfolgsbaustein einer gesunden Gewichtsabnahme mit Trennkost ist die vollwertige Ernährung. Denn neben übermäßigem Essen können auch bestimmte Kohlenhydrate am Übergewicht oder anderen Stoffwechselerkrankungen schuld sein. So leiden viele übergewichtige Menschen an dem Problem, dass der Kohlenhydratstoffwechsel nicht so funktioniert wie bei einem schlanken Menschen.

Kohlenhydrate sind nicht gleich Kohlenhydrate und müssen in zwei Sparten unterteilt werden. In die erste Sparte gehören die natürlichen und ballaststoffreichen Kohlenhydrate, wie sie in Vollkorngetreide, Vollkornprodukten, Gemüse, Salaten und Obst vorkommen. In der zweiten Sparte sind die Kohlenhydrate eingeordnet, die in Weißbrot, Keksen, Pizzateig, Fertiggerichten, Saucen, Süßigkeiten, Limonaden und Bier zu finden sind. Nach dem Genuss dieser Nahrungsmittel steigt der Blutzuckerspiegel rapide an und die Bauchspeicheldrüse ist jetzt gezwungen, sehr viel Insulin auszuschütten. Der Blutzuckerspiegel sinkt daraufhin beträchtlich ab, was auch zu einer Unterzuckerung führen kann. Dies erzeugt ein neues Hungergefühl. Wird die Ernährung jetzt auf die gleiche Weise fortgesetzt, steigt und sinkt der Blutzuckerspiegel im Laufe des Tages mehrmals stark an und ab.

Nicht nur, dass die Bauchspeicheldrüse unter dieser Überbeanspruchung leidet, auch für den Übergewichtigen ist die stetige Insulinproduktion von großem Nachteil. Das Insulin bringt die Glukose in die Körperzellen, wo sie in Energie umgewandelt wird. Wird diese Energie nicht sofort durch körperliche Aktivitäten verbraucht, wird die Glukose in Fett umgewandelt und für spätere Zeiten eingelagert. Fazit: Je öfter und höher der Blutzuckerspiegel ansteigt, desto mehr Insulin muss die Bauchspeicheldrüse herstellen. Und wie man heute weiß, ist Insulin die Schlüsselsubstanz für die Fettgewebsneubildung.

Stevia – süßen ohne Kohlenhydrate und ohne Kalorien

Stevia – auch Süßkraut genannt – ist eine Pflanze mit hoher Süßkraft. Die frischen Blätter süßen 10- bis 30-mal stärker als Zucker. Die Extrakte der Pflanze können sogar die 300-fache Süßkraft von raffiniertem Zucker erreichen und dies alles ohne Kohlenhydrate und ohne Kalorien. Pulvriges Steviaextrakt (z. B. Groovia) ist für Süßspeisen und zum Backen bestens geeignet. Ein Teelöffel davon hat die Süßkraft von 4 Teelöffeln Zucker. Stevia wird weltweit angebaut und ist in Amerika und Asien schon lange als Lebensmittel freigegeben, Europa wartet immer noch darauf. Es darf aber – ohne Hinweis auf seine Süßkraft – auch in Europa verkauft werden. Verschiedene Diabetikerkliniken empfehlen ihren Patienten Stevia. Weitere Informationen finden Sie unter www.trennkost.de.

Tipps und Tricks für die Gewichtsabnahme

- Abnehmen ist Ihre rein persönliche Angelegenheit und geht nur Sie etwas an. Planen Sie darum selbst Ihre eigenen Ziele ohne Rücksicht darauf, welche Schlankheitsideale Ihre Familie, Ihre Freunde oder Arbeitskollegen haben. Bedenken Sie immer, dass Sie mit niemandem im Wettbewerb stehen – nicht einmal mit sich selbst.
- Bereiten Sie sich innerlich auf eine Veränderung in Ihrem Leben vor. Freunden Sie sich langsam

mit dem Gedanken an, dass es jetzt an der Zeit ist, einmal für sich selbst etwas zu tun. Entwickeln Sie einen gefühlvolleren Lebensstil und beherzigen Sie folgende Weisheiten, die Sie hundertmal am Tag in verschiedenen Versionen anwenden können:
„Es lohnt sich nicht, wegen ein paar restlicher Nudeln ein Völlegefühl in meinen Magen zu bekommen."
„Es lohnt sich nicht, dass ich den Mülleimer spiele und die Reste aus dem Topf esse."
„Es lohnt sich nicht, schnell und hastig mein Essen herunterzuschlingen."
„Es lohnt sich nicht, mit dir über dieses Thema zu streiten."
„Es lohnt sich nicht, ..."
Sammeln Sie mit diesem Satz Ihre eigenen Erfahrungen und spüren Sie dabei Ihre positive Veränderung.

- Stellen Sie Ihre täglichen Mahlzeiten nach den Regeln der Trennkost harmonisch zusammen. Auf diese Art werden die Verdauungsorgane entlastet und zusätzlich bleibt Ihr Blutzuckerwert in einem guten Bereich.
- Unterstützen Sie Ihren Körper bei der Gewichtsabnahme, indem Sie möglichst viele Lebensmittel mit einem hohen Wassergehalt essen. Salate, Gemüse, Rohkost und Obst enthalten viel Wasser und bieten aufgrund ihres hohen Kaliumgehaltes die ideale Voraussetzung, um abzunehmen und zu entschlacken.
- Der Erfolg beim Abnehmen ist auch von der Wassermenge abhängig, die wir unserem Körper zuführen. Trinken Sie täglich etwa 2 bis 3 Liter. Falls Ihnen Wasser auf Dauer zu fade schmeckt, geben Sie eine Zitronenscheibe, einen Schuss Obstsaft oder Wein hinein. Auch Früchte- oder Kräutertees eignen sich sehr gut. Limonaden, alkoholische Getränke, Bohnenkaffee und schwarzer Tee sollten nur gering genossen werden.
- Verwechseln Sie Ihren Hunger nicht mit Durst. Beide Signale des Körpers ähneln sich. Trinken Sie lieber zuerst einen Schluck, bevor Sie etwas essen.
- Vorsicht vor dem Mittagsschlaf! Danach droht sehr oft eine Heißhungerattacke, meist auf Süßes. Stellen Sie sich daher eine Banane oder Rosinen bereit, bevor Sie sich hinlegen.
- Haben Sie immerzu Lust auf Süßes? Dann sollten Sie wissen, dass Zucker weiteren Appetit auf Süßes provoziert. Zucker lässt den Blutzuckerspiegel sprunghaft ansteigen, worauf die Bauchspeicheldrüse mit einer starken Insulinausschüttung reagiert. Der Blutzucker sinkt und die Lust auf Süßes ist wieder da. Durchbrechen Sie diesen Teufelskreis, indem Sie auf natürliche Süßigkeiten umsteigen, die vom Körper langsamer aufgenommen werden, z. B. Müsliriegel ohne Zucker, Vollkornplätzchen und -kuchen, Bananen, Rosinen und getrocknete Früchte.
- Gewöhnen Sie sich an, kleine Bissen zu nehmen, diese gut zu kauen und nicht mit Getränken „herunterzuspülen". Horchen Sie während des Essens in sich hinein. Achten Sie auf Ihr Sättigungsgefühl und spüren Sie Ihren Magen. Sattsein bedeutet, ein angenehmes Gefühl im Magen, aber kein Völlegefühl zu haben.
- Nehmen Sie langsam ab. Etwa 400 g bis 500 g pro Woche sind ausreichend. Geben Sie sich mit kleinen Erfolgen zufrieden; Sie werden überrascht sein, dass ohne Abnehmstress alles plötzlich viel einfacher geht. Schnell werden Sie bemerken, dass man nicht gleich mit dem Essen aufhören muss, um abzunehmen.

Ein Wort zum Sport

Zu einem gesunden Lebensstil gehört neben bewusster Ernährung auch ausreichend Bewegung. Gehen Sie täglich eine Runde spazieren und steigen Sie Treppen, statt mit dem Lift zu fahren. Lassen Sie bei kurzen Entfernungen das Auto stehen und fahren Sie mit dem Fahrrad oder gehen Sie zu Fuß.

Sport macht auch glücklich! Schuld sind die Endorphine, die Glückshormone, die während der Bewegung ausgeschüttet werden. Sie sorgen für gute Laune und Zufriedenheit. Wer Spaß an der Bewegung hat, profitiert auf lange Sicht davon. Schon kleineres Training macht fit und leistungsfähig. Mit der Zeit reagiert der Körper mit mehr Selbstsicherheit, wobei auch seelische Verkrampfungen sich lösen können.

Suchen Sie sich eine Sportart, die Ihrem Alter und Ihrer körperlichen Konstitution entspricht. Es gibt viele Bewegungsarten die Spaß machen, zum Beispiel Schwimmen, Tanzen, Radfahren, Wandern, Joggen und Spazierengehen. Wählen Sie Ihr persönliches Gesundheitsprogramm und fördern Sie auf diese Weise spielerisch die eigene Vitalität, Schnelligkeit und Ausdauer. Stabilisieren Sie dabei die Leistung des Herzens und des Blutkreislaufs. Bewegung stimuliert auch die Produktion und Ausschüttung verschiedener Hormone und regt unter anderem die Produktion von Sexualhormonen an. Sie beugt darüber hinaus der Osteoporose (Knochenentkalkung) vor und stärkt das Immunsystem. Regelmäßiger Sport fördert weiterhin durch die verbesserte Sauerstoffzufuhr die Denkfähigkeit, vergrößert das Fassungsvermögen der Lunge, hilft Körperfett ab- und Muskelmasse aufzubauen.

Hinweise zu den Rezepten

- Alle Rezepte, die ich in diesem Buch für Sie zusammengestellt habe, sind leicht nachvollziehbar. Sie sollen Ihnen beispielhaft zeigen, wie man Nahrungsmittel aus der Eiweiß- und aus der Kohlenhydratgruppe jeweils mit neutralen Nahrungsmitteln kombinieren kann.
- Damit Ihnen die Zuordnung der Rezepte in die drei Gruppen leichter fällt, sind die Rezeptnamen verschiedenfarbig ausgezeichnet:
  blau = Eiweißgericht
  grün = neutrales Gericht
  orange = Kohlenhydratgericht
- Alle Rezepte sind für 2 Personen berechnet. Wenn Sie einmal weniger oder mehr zubereiten möchten, können Sie die Zutatenmengen in der Regel problemlos umrechnen.
- Die Angaben zu **Kilokalorien (kcal)** und **Kilojoule (kJ)** beziehen sich immer auf 1 Portion bzw. 1 Stück.
- Die **Zutatenmengen** beziehen sich in der Regel auf die ungeputzte Rohware.
- Die **Zubereitungszeit** in den Rezepten beinhaltet sowohl die Vorbereitungszeit (waschen, putzen, klein schneiden) als auch die Gar- oder Backzeit. Es handelt sich dabei um Durchschnittswerte. Besondere Zeiten, wie Quellzeit, Zeit zum Gehen oder zum Kühlen, sind extra ausgewiesen. Mithilfe dieser Angaben können Sie schnell erkennen, wie viel Zeit Sie für die Gesamtzubereitung einplanen müssen.
- Für Familienmitglieder, die sich nicht der Trennkost anschließen möchten, brauchen Sie nicht extra zu kochen. Ergänzen Sie die Kohlenhydratgerichte einfach mit Fleisch oder Fisch und die Eiweißgerichte mit Kartoffeln, Reis oder Nudeln.
- Einige der in den Rezepten verwendeten Zutaten sind fast ausschließlich im Reformhaus

oder im Naturkostladen erhältlich. **Frutilose** ist ein schonend eingedampfter Obstdicksaft. Er schmeckt sehr mild, weil ihm Fruchtsäuren entzogen wurden.

- Zum Salzen empfehle ich **Meersalz**, das lebensnotwendige Vitamine und Mineralstoffe enthält, z. B. Jod. Auch **Kräutersalz** (sein Kochsalzgehalt liegt bei etwa 84 %) ist gut zum Abschmecken geeignet.
- **Vegetarische Gemüsebrühe** als Streuwürze (Instantpulver) wird nur aus pflanzlichen Zutaten hergestellt und ist daher cholesterinfrei. Außerdem enthält sie keine gehärteten Fette.
- **Weinsteinbackpulver** enthält im Gegensatz zum herkömmlichen Backpulver kein Phosphat. Es kann aber wie dieses problemlos zum Backen verwendet werden.
- **Naturreis** ist ungeschälter Reis. Im Gegensatz zu poliertem, weißem Reis enthält er viele Ballaststoffe und ist daher sehr empfehlenswert. Wird er über Nacht eingeweicht, verkürzt sich seine Garzeit erheblich. Sie können ihn aber auch ohne Einweichen als Quellreis kochen. Dann dauert es aber 35 bis 45 Minuten, bis er gar ist. Zum Teil gibt es auch schon Naturreis, der schneller weich ist. Probieren Sie einfach verschiedene Sorten aus.
- In der Trennkost spielen die Auswahl und der richtige Gebrauch von **Ölen und Fetten** eine wichtige Rolle. Empfehlenswert sind naturbelassene, kaltgepresste, unraffinierte Öle, die viel wertvolle mehrfach ungesättigte Fettsäuren enthalten. Oliven-, Sonnenblumen-, Distel-, Weizenkeim-, Leinsamen- und Maiskeimöl sind in dieser Qualität erhältlich. Butter und ungehärtete Pflanzenfette, z. B. Reformhausmargarine, sind ebenfalls empfehlenswert. Da sie aber viele Kalorien enthalten, sollten Sie sie nur in kleinen Mengen verwenden. Man darf sie nie stark bräunen oder sogar überhitzen.

Nicht empfehlenswert sind gehärtete Fette, wie z. B. normale Margarinesorten oder Pflanzenfette (harte, weiße Frittierfette), sowie alle raffinierten Öle.

Verzeichnis der Abkürzungen

TL	= Teelöffel (gestrichen)
EL	= Esslöffel (gestrichen)
g	= Gramm (1000 g = 1 kg)
kg	= Kilogramm
ml	= Milliliter (1000 ml = 1 l)
l	= Liter
Msp.	= Messerspitze
P	= Päckchen
Std.	= Stunde(n)
Min.	= Minuten
kcal	= Kilokalorien (1 kcal = 4,2 kj)
kJ	= Kilojoule
Fett i. Tr.	= Fett in der Trockenmasse
TK-...	= Tiefkühl-...
°C	= Grad Celsius

Vorschläge für Ihre Einstiegswoche

Nachfolgend finden Sie einen Wochenplan mit Vorschlägen für abwechslungsreiche Mahlzeiten für eine ganze Woche.
Natürlich können Sie auch die Mahlzeiten am Mittag gegen die Abendmahlzeiten austauschen, wenn Sie mittags keine Gelegenheit zum Kochen haben. Sie können auch einzelne Gerichte tauschen oder den Wochenplan als Anregung für Ihre eigenen Mahlzeitenzusammenstellungen nehmen – Ihrer Fantasie sind keine Grenzen gesetzt.
Mit etwas Übung können Sie sicherlich bald Ihre eigenen Pläne zusammenstellen. Probieren Sie es aus.

Wochenplan	Frühstück*	Zwischenmahlzeit*
1. Tag (Montag)	Deutsches Frühstück (S. 40) oder 1 Joghurt (150 g, 3,5 % F.), 3 EL Haferflocken mit 2 TL Honig vermischt	1 großer Apfel oder andere Früchte der Saison
2. Tag (Dienstag)	Obstfrühstück (S. 48) oder Früchte in beliebiger Menge, nach Saison	250 g Buttermilch oder 250 g Naturjoghurt (3,5 % F.) mit 150 g Früchten vermischt
3. Tag (Mittwoch)	Honigbrot (S. 40) oder 1 Scheibe Vollkornbrot mit Butter und 30 g Geflügelwurst	3 – 4 große Möhren oder andere Rohkost, wie Paprika, Kohlrabi, Gurke, Keimlinge usw.
4. Tag (Donnerstag)	Haferflockenmüsli (S. 46) oder 250 ml Kefir mit 150 g Früchten vermischt	250 g Obst der Saison oder 150 g Naturjoghurt (3,5 % F.) mit 150 g Früchten vermischt
5. Tag (Freitag)	Obstfrühstück (S. 48) oder Frische Früchte in beliebiger Menge, nach Saison	Griechischer Joghurt mit Haselnüssen (S. 50) oder 250 g Buttermilch
6. Tag (Samstag)	Deutsches Frühstück (S. 40) oder 1 Vollkornbrötchen mit Butter und 50 g Frischkäse	1 große Orange oder andere Früchte der Saison (außer Bananen, frischen Feigen und Datteln)
7. Tag (Sonntag)	Käse-Sandwich (S. 40) oder 1 Vollkornbrötchen, getoastet, mit Butter und 2 TL Honig	100 g Weintrauben und 125 g Kefir (Weintrauben können mit anderen Obstsorten getauscht werden)

* Mengen gelten für 1 Person

Mittag	Zwischenmahlzeit*	Abend
Bunter Bohnensalat (S. 66) oder Italienischer Reistopf (S. 80)	1 Banane oder 125 g Quark mit 1 EL Ahornsirup und 2 EL Rosinen vermischt	Kartoffel-Gemüse-Auflauf (S. 84) oder Möhrentopf mit Hühnerfleisch (S. 107)
Rosmarinhähnchen mit Paprikagemüse (S. 105) oder Nudelauflauf (S. 93)	Haferflockenmüsli (S. 46) oder 1 Sch. Vollkornbrot mit Butter und 1/2 Banane	Feinschmecker-Salat mit Röstkartoffeln (S. 52) oder Spinat mit Spiegeleiern (S. 96)
Schmorgurke mit knuspriger Käsesauce (S. 86) oder Ratatouille (S. 74)	200 g Naturjoghurt oder Studentenfutter (S. 48)	Kartoffelbrei mit Sauerkraut + gerösteten Zwiebeln (S. 85) oder Geflügelsuppe mit Gemüseeinlage (S. 106)
Überbackene Fleischbällchen (S. 99) oder Dinkel-Lauch-Suppe (S. 99)	1 Banane oder Griechischer Joghurt mit Haselnüssen (S. 50)	Pizza „Salerno" (S. 90) oder Gefüllte Paprikaschoten (S. 97)
Schollenfilet mit bunter Salatschüssel (S. 111) oder Provenzalisches Kartoffelgemüse (S. 76)	Honigbrot (S. 40) oder 250 ml Buttermilch mit 1 EL Ahornsirup gesüßt	Spaghetti à la Martin mit Zucchinigemüse (S. 91) oder Champignonpfanne mit Putenfleisch (S. 106)
Gemüsepfanne mit Knoblauchtoasts (S. 67) oder Bunter Fischsalat	1 Vollkornstückchen oder 150 g Heidelbeeren mit 125 g Quark (20 % F. i. Tr.) und 1 EL Ahornsirup	Scharfes Gemüsehirsotto (S. 80) oder Frikadellen „Griechische Art" (S. 100)
Lachstatar mit Röstkartoffeln (S. 87) oder Lammcurry (S. 103) und Sommersalat mit Ananassauce (S. 54)	1 Stück Flacher Mandel-Quark-Kuchen (S. 119) oder 1 Sch. Vollkornbrot mit Butter + 40 g Camembert (60 % F. i. Tr.)	Kartoffelsalat mit gebeiztem Lachs (S. 76) oder Spargel mit Lachsschnitte in Weinsauce (S. 109)

Salat mit gebratener Putenbrust Salat mit Cockt
mit Ananassauce Knackiger Salat mit Äpfeln Bunt
Spinat mit Spiegeleiern Gefüllte Paprikaschoten
bällchen Frikadellen „Griechische Art“ mit Tom
Buttermilch Lammcurry Szegediner Gulasch Ros
mit Gemüseeinlage Möhrentopf mit Hühnerfle
Fischsalat Spargel mit Lachsschnitte in Weinsauc
bunter Salatschüssel Rote-Bete-Dip Kalte Somm
mit Himbeeren Erdbeer-Halbgefrorenes Mangog
grütze Vitamin-C-Bombe Ananasdessert Melonen
Erdbeerquark Grapefruit mit Frischkäse Gefüllte
Quarkgelee Neutrale Gerichte Feinschmeckersalat
ternpilzen und Champignons Salat mit Nüssen u
Auberginensalat Rote-Bete-Salat Türkischer Gu
Knoblauchsauce Käsedressing Grüne Suppe Feine
Möhrengemüse Feines Zuckerschotengemüse in
auf italienische Art Honigbrot Käsesandwich Deu
che Dinkelbrötchen Müsli mit Apfelstücken Haf
Rosinen, Honig und Zimt Griechischer Honig mit
creme Apfelkompott mit Zimt Vierkornkekse S
Streuseln Hofheimer Honigriegel Apfelkuchen vo
ckentaler Mandelgebäck Gemüsepfanne mit Kn
gnontorte Pikante Käsetörtchen Bratkartoffeln

Rezepte

Frühstück und Zwischenmahlzeiten

Deutsches Frühstück

ca. 210 kcal/880 kJ ▢ *auf dem Foto: oben*

Zubereitungszeit: ca. 5 Minuten

Zutaten für 1 Portion
1 Scheibe Vollkornbrot
2 TL Butter
30 g Geflügelwurst
3 Radieschen

Zubereitung
1 Das Brot mit der Butter bestreichen und mit der Geflügelwurst belegen.
2 Die Radieschen waschen, putzen und in dünne Scheiben schneiden.
3 Das Brot mit den Radieschen garnieren.

Honigbrot

ca. 210 kcal/860 kJ ▢ *auf dem Foto: unten*

Zubereitungszeit: ca. 5 Minuten

Zutaten für 1 Portion
1 Scheibe Vollkornbrot
50 g Quark (20 % Fett i. Tr.)
2 TL flüssiger Honig

Zubereitung
Das Brot mit dem Quark bestreichen und den Honig darauf verteilen.

Käsesandwich

ca. 400 kcal/1690 kJ ▢ *auf dem Foto: Mitte*

Zubereitungszeit: ca. 5 Minuten

Zutaten für 1 Portion
2 Scheiben Vollkorntoastbrot
1 1/2 EL Frischkäse (60 % Fett i. Tr.)
2 Blätter Kopfsalat
1 Fleischtomate
50 g Camembert oder ein anderer Käse aus der neutralen Gruppe
1 EL Schnittlauchröllchen

Zubereitung
1 Die Brotscheiben toasten und mit dem Frischkäse bestreichen.
2 Die Salatblätter verlesen, waschen und trocken tupfen.
3 Die Tomate waschen, halbieren und den Stielansatz herausschneiden. Die Tomate in Scheiben schneiden. Eine große Scheibe beiseitelegen.
4 Den Camembert in Scheiben schneiden.
5 Eine Toastbrotscheibe mit 1 Salatblatt, der großen Tomatenscheibe und dem Käse belegen und alles mit dem Schnittlauch bestreuen. Dann das Sandwich mit dem zweiten Salatblatt und der zweiten Brotscheibe bedecken.
6 Die restlichen Tomatenscheiben zu dem Toast servieren.

Buttermilch-Dinkel-Brot

ca. 3180 kcal/13320 kJ (für das ganze Brot)

Zeit zum Gehen: ca. 50 Minuten
Zubereitungszeit: ca. 1 Stunde

Zutaten für 1 Brot

700 g feines Dinkelvollkornmehl
1 Würfel Hefe (42 g)
ca. 250 ml lauwarmes Wasser
1 TL Honig
2 TL Vollmeersalz
2 EL flüssige Butter
ca. 180 ml lauwarme Buttermilch
70 g Sonnenblumenkerne
etwas Butter für die Form

Zubereitung

1 Das Dinkelmehl aussieben und die Kleie beiseitestellen.

2 Die Hefe in dem lauwarmen Wasser auflösen und mit einem Drittel des Mehls sowie dem Honig zu einem Vorteig verrühren. Diesen mit einem Tuch abdecken und mindestens 20 Minuten an einem warmen Ort gehen lassen.

3 Anschließend das restliche Mehl sowie die übrigen Zutaten zu dem Vorteig geben und alles zu einem geschmeidigen Teig verkneten.

4 Eine Kastenform (ca. 30 cm lang) mit der Butter einfetten. Den Backofen auf 200 °C vorheizen. Den Teig zu einem Laib formen, ihn in der beiseitegestellten Kleie wälzen und dann in die Form legen. Das Brot noch einmal zugedeckt 20 bis 30 Minuten an einem warmen Ort gehen lassen, bis der Teig sich fast verdoppelt hat.

5 Danach den Brotteig der Länge nach in der Mitte etwas einschneiden und das Brot 40 bis 45 Minuten im Ofen auf der mittleren Einschubleiste backen.

6 Das Brot nach der Backzeit kurz abkühlen lassen, dann aus der Form nehmen und vollständig auskühlen lassen.

Einfache Dinkelbrötchen

ca.180 kcal/750 kJ

Zeit zum Gehen: ca. 40 Minuten
Zubereitungszeit: ca. 20 Minuten

Zutaten für 8 Stück

Für den Teig

1 Würfel Hefe (42 g)
150 ml lauwarmes Wasser
300 g feines Dinkelvollkornmehl
1 TL Meersalz
1 EL Sonnenblumenöl
2 EL Sonnenblumenkerne

Außerdem

etwas Öl für das Blech
1 Eigelb
je 1 TL Kümmel-, Mohn- und Sesamsamen

Zubereitung

1 Die Hefe in dem lauwarmen Wasser auflösen und mit einem Drittel des Mehls zu einem glatten Vorteig verrühren. Diesen mit einem Tuch abdecken und etwa 20 Minuten an einem warmen Ort gehen lassen.

2 Anschließend das restliche Mehl sowie die übrigen Zutaten zu dem Vorteig geben und alles zu einem glatten Teig verkneten.

3 Den Backofen auf 200 °C vorheizen. Ein Backblech mit dem Öl einfetten. Den Teig in acht gleich große Portionen teilen und diese zu runden Brötchen formen. Die Brötchen auf das Blech setzen und sie noch einmal etwa 20 Minuten zugedeckt an einem warmen Ort gehen lassen.

4 Das Eigelb mit 2 Esslöffeln Wasser verquirlen, die Brötchen damit bestreichen und sie nach Belieben mit Kümmel, Mohn oder Sesam bestreuen. Die Brötchen im Ofen etwa 20 Minuten auf der mittleren Einschubleiste backen.

Quarkbrot mit Möhrenscheiben

ca. 230 kcal/955 kJ

Zubereitungszeit: ca. 10 Minuten

Zutaten für 1 Person

60 g Quark, 20 % Fett i. Tr.
2 EL Mineralwasser
Kräutersalz
1 Scheibe Vollkornbrot
1 TL Butter
1 Möhre
1 TL frisch gehackte Petersilie

Zubereitung

1 Den Quark mit dem Mineralwasser glatt rühren und mit Kräutersalz würzen. Das Brot mit der Butter bestreichen.

2 Die Möhre waschen, schälen und in feine Scheiben schneiden. Das Butterbrot mit den Möhrenscheiben belegen (1 oder 2 Scheiben für die Garnitur zurückhalten) und den Quark darauf verteilen.

3 Die restlichen Möhrenscheiben in feine Stifte schneiden und sie auf den Quark streuen. Mit Petersilie bestreuen.

Radieschenbrot

ca. 150 kcal/635 kJ

Zubereitungszeit: ca. 10 Minuten

Zutaten für 1 Person

1 Scheibe Vollkornbrot
1 TL Butter
6 Radieschen
80 g körniger Frischkäse
1 EL Schnittlauchröllchen

Zubereitung

1 Das Brot mit der Butter bestreichen. Die Radieschen in dünne Scheiben schneiden und das Brot damit belegen.

2 Den Frischkäse auf die Radieschen geben und das Brot mit dem Schnittlauch bestreuen.

Brot mit Obatzter

ca. 240 kcal/1015 kJ

Zubereitungszeit: ca. 10 Minuten

Zutaten für 4 Personen

3 EL weiche Butter
150 g reifer Camembert, 60 % Fett i. Tr.
1 Zwiebel
1 TL Kümmel
Paprikapulver edelsüß
4 Scheiben Vollkornbrot

Zubereitung

1 Die Butter mit dem Schneebesen cremig rühren. Den Camembert mit einer Gabel gut zerdrücken und mit der Butter vermischen.

2 Die Zwiebel schälen und halbieren. Die eine Hälfte in sehr feine Würfel schneiden, die andere in dünne Scheiben schneiden.

3 Die Zwiebelwürfel mit dem Kümmel unter die Käsecreme mischen. Den Obatzer auf einem Teller anrichten, mit den Zwiebelscheiben dekorieren und mit Paprika bestäuben. Mit Vollkornbrot servieren.

Tipp

Mit einem neutralen Salat wird aus diesem Gericht ein kaltes Hauptgericht. Dann reicht die Menge für 2 Personen.

Müsli mit Apfelstücken

ca. 580 kcal/2420 kJ ▢ *auf dem Foto: unten*

Zubereitungszeit: ca. 10 Minuten

Zutaten für 1 Portion

4 EL kernige Haferflocken
1 EL ungeschwefelte Rosinen
2 EL Mandelblättchen
150 g Joghurt (3,5 % Fett)
2 EL Ahornsirup
1 mürber Apfel

Zubereitung

1 Die Haferflocken in eine kleine Schüssel geben und mit den Rosinen und Mandelblättchen mischen.
2 Den Joghurt mit dem Ahornsirup verrühren und auf das Müsli geben.
3 Den Apfel waschen, eventuell schälen und das Kerngehäuse herausschneiden. Die Viertel in kleine Würfel schneiden und diese auf dem Müsli verteilen.

Haferflockenmüsli

ca. 420 kcal/1770 kJ ▢ *auf dem Foto: rechts*

Zubereitungszeit: ca. 5 Minuten

Zutaten für 1 Portion

3 EL kernige Haferflocken
1 EL ungeschwefelte Rosinen
1 EL Sonnenblumenkerne
2 TL flüssiger Honig
1 kleine Banane
150 g Buttermilch

Zubereitung

1 Die Haferflocken mit den Rosinen und den Sonnenblumenkernen in einer Schale mischen und mit dem Honig süßen.
2 Die Banane schälen und in Scheiben schneiden.
3 Die Buttermilch über das Müsli gießen und die Bananenscheiben darauf verteilen.

Fruchtiger Hirsebrei

ca. 460 kcal/1920 kJ ▢ *auf dem Foto: oben*

Zubereitungszeit: ca. 15 Minuten

Zutaten für 2 Portionen

400 ml Wasser
100 g süße Sahne
100 g fein gemahlene Hirse
300 g Heidelbeeren (frisch oder TK-Ware)
1 Prise Vollmeersalz
2 TL Rapshonig
1/2 TL gemahlene Vanille (aus dem Reformhaus)
2 EL Ahornsirup

Zubereitung

1 In einem Topf das Wasser mit der Sahne verrühren. Die Hirse hineinstreuen und alles unter Rühren zum Kochen bringen.
2 Anschließend den Topf vom Herd nehmen und die Hirse kurz ausquellen lassen. In der Zwischenzeit die frischen Heidelbeeren waschen, in ein Sieb geben und tiefgekühlte Beeren auftauen lassen.
3 Dann das Salz, den Honig sowie die gemahlene Vanille unter die Hirse rühren.
4 Die Heidelbeeren mit dem Ahornsirup süßen und sie zusammen mit dem Hirsebrei servieren.

Obstfrühstück

Zubereitungszeit: ca. 5 Minuten

Zutaten für 1 Portion

Obst der Saison in beliebiger Menge (z. B. Ananas, Apfelsinen, Mango, Äpfel, Birnen, Erdbeeren)

Zubereitung

Das Obst waschen, putzen, eventuell schälen, nach Belieben in mundgerechte Stücke schneiden.

Tipp

Diese Obstsorten sollten nicht gleichzeitig mit Bananen verzehrt werden.

Studentenfutter

ca. 220 kcal/920 kJ

Zubereitungszeit: ca. 10 Minuten

Zutaten für 12 Portionen

100 g Haselnüsse
100 g Mandeln
100 g Rosinen
100 g Kürbiskerne
100 g Sonnenblumenkerne

Zubereitung

Alle Zutaten miteinander mischen und in einer trockenen Dose aufbewahren.

Fruchtiges Quarkgelee

ca. 310 kcal/1280 kJ

Zubereitungszeit: ca. 15 Minuten
Kühlzeit: ca. 4 Stunden

Zutaten für 2 Portionen

2 Blatt weiße Gelatine
250 g Brombeeren oder andere Früchte der Saison (z. B. Himbeeren, Erdbeeren, Birnen, Zwetschgen oder Apfelsinen)
250 g Quark (40 % Fett i. Tr.)
2 EL Zitronensaft
2 EL flüssiger Honig
6 Minzeblättchen

Zubereitung

1 Die Gelatine für etwa 10 Minuten in kaltem Wasser einweichen. In der Zwischenzeit die Früchte verlesen, waschen und die Hälfte beiseitelegen.
2 Den Quark mit dem Zitronensaft und dem Honig kräftig verrühren. Die Hälfte der Früchte mit einer Gabel grob zerdrücken oder klein schneiden und unter den Quark rühren.
3 Die Gelatine gut ausdrücken und bei geringer Hitze in einem kleinen Topf auflösen. Die Gelatine nach und nach unter die Quarkcreme rühren.
4 Das Quarkgelee in 2 Dessertschalen füllen und für etwa 4 Stunden kalt stellen. Es anschließend mit den restlichen Früchten sowie den Minzeblättchen garnieren.

Griechischer Joghurt mit Haselnüssen

ca. 400 kcal/1670 kJ ▢ *auf dem Foto: oben*

Zubereitungszeit: ca. 10 Minuten

Zutaten für 1 Portion

150 g griechischer Joghurt
(Sahnejoghurt aus Schafs- oder Ziegenmilch)
2 TL flüssiger Honig
2 EL Haselnusskerne

Zubereitung

1 Den Joghurt mit dem Schneebesen cremig aufschlagen und den Honig darunterrühren.
2 Die Nüsse in einer Pfanne ohne Fett rösten, abkühlen lassen und grob reiben.
3 Die Hälfte der Nüsse unter den Joghurt mischen und den Rest darauf verteilen. Den Joghurt gut gekühlt servieren.

Tipp

Sie können den Joghurt mit Zimt bestäuben.

Gebratene Apfelspalten mit Zitronencreme

ca. 470 kcal/7780 kJ ▢ *auf dem Foto: unten*

Zubereitungszeit: ca. 15 Minuten

Zutaten für 2 Portionen

2 mittelgroße, feste Äpfel
1 EL Butter
50 g ungeschwefelte Rosinen
1/8 l Apfelwein
3 EL Frutilose
150 g Quark
1 EL flüssiger Honig
2 EL Zitronensaft
2 EL Mandelblättchen

Zubereitung

1 Die Äpfel waschen, schälen, vierteln und die Kerngehäuse herausschneiden. Dann die Äpfel in schmale Spalten schneiden.
2 Die Butter in einer Pfanne zerlassen und die Apfelspalten leicht anbraten.
3 Die Rosinen mit kochendem Wasser übergießen und kurz ziehen lassen.
4 Den Apfelwein zu den Apfelspalten geben, alles kurz aufkochen lassen und anschließend vom Herd nehmen. Das Ganze mit der Frutilose süßen und die gut abgetropften Rosinen hinzufügen.
5 Für die Zitronencreme den Quark mit dem Honig sowie dem Zitronensaft cremig rühren. Die Creme zu den Apfelspalten servieren und alles mit den Mandelblättchen bestreuen.

Apfelkompott mit Zimt

ca. 180 kcal/750 kJ ▢ *auf dem Foto: Mitte*

Zubereitungszeit: ca. 30 Minuten

Zutaten für 2 Portionen

4–5 süße, mürbe Äpfel
1/2 TL Zimtpulver
2 EL Frutilose

Zubereitung

1 Die Äpfel waschen, schälen, vierteln und die Kerngehäuse herausschneiden.
2 Die Apfelviertel zusammen mit etwa 150 ml Wasser in einen Topf geben.
Den Zimt hinzufügen und alles etwa 10 Minuten leicht köcheln lassen.
3 Die Apfelstücke mit der Frutilose süßen. Dann das Obst mit einem Schneebesen kräftig durchrühren und abkühlen lassen.

Salate, Dips und Suppen

Grundrezept:
Feinschmeckersalat

ca. 210 kcal/900 kJ

Zubereitungszeit: ca. 15 Minuten

Zutaten für 2 Portionen
Für den Salat
$^1/_2$ Salatgurke
$^1/_3$ Eisbergsalat
2 Tomaten
1 rote Paprikaschote
1 Bund Radieschen
Zwiebelringe und frische Kräuter nach Belieben

Für die Sauce
1 kleines Bund gemischte Kräuter
1 Becher Joghurt (175 g)
1 TL Senf
1 EL Feigen- oder Obstessig
1 kleine Dose Mais (ca. 140 g Einwaage)
Pfeffer aus der Mühle
Kräutersalz

Zubereitung

1 Alle Gemüse und Kräuter putzen, waschen, trocknen. Die Gurke schälen und dünn hobeln, den Salat zerpflücken, die Tomaten vierteln, die Paprika in feine Streifen scheiden, die Radieschen in dünne Scheiben schneiden. Alles mischen und auf Tellern anrichten.

2 Die Kräuter fein hacken und mit Joghurt und Senf verrühren. Den abgetropften Mais hinzufügen. Die Sauce mit Salz und Pfeffer würzen und auf den Salat geben.

Varianten:
Salat mit gebratener Putenbrust

ca. 1370 kcal/1560 kJ ▢ *auf dem Foto: unten*

200 g Putenfleisch in schmale Streifen schneiden. 10 mittelgroße Champignons putzen und in feine Scheiben schneiden. Beides in 1 Esslöffel Öl rundherum anbraten und 6 bis 8 Minuten schmoren lassen. Mit Pizzagewürz und Kräutersalz abschmecken und auf dem Salat verteilen.

Salat mit Röstkartoffeln

ca. 250 kcal/1103 kJ

400 g Pellkartoffeln vom Vortag schälen und in Scheiben schneiden. Die Kartoffeln in 2 Esslöffeln Öl knusprig braten und mit etwas Kräutersalz würzen. Die Röstkartoffeln mit dem Salat servieren.

Salat mit Schafskäse

ca. 250 kcal/1044 kJ

120 g milden Schafskäse über dem Salat zerbröseln. Mit 10 schwarzen Oliven garnieren.

Salat mit Pilzen

ca. 140 kcal/630 kJ

Insgesamt 350 g Austernpilze und Champignons putzen und in Stücke schneiden. Eine Zwiebel schälen, fein hacken und in 1 Esslöffel Öl glasig dünsten. Die Pilze hinzufügen und etwa 15 Minuten braten. Das Ganze mit etwas vegetarischer Gemüsebrühe sowie Oregano würzen und auf dem Salat verteilen.

Salat mit Cocktailshrimps

ca. 70 kcal/310 kJ

200 g Shrimps auf dem Salat verteilen und dann mit Kresse garnieren.

Salat mit gekochten Eiern

ca. 170 kcal/728 kJ

4 hart gekochte Eier schälen und vierteln. Die Eier auf dem Salat verteilen. Statt gekochter Eier können Sie auch Spiegeleier oder ein Rührei zu dem Feinschmeckersalat essen.

Salat mit Nüssen und Keimlingen

ca. 240 kcal/1024 kJ ▢ *auf dem Foto: oben*

10 Walnusskerne, 10 Mandeln und 10 Haselnusskerne grob hacken. 150 g Linsen- oder Sojabohnenkeimlinge unter heißem Wasser abspülen, abtropfen lassen und zusammen mit den Nüssen auf dem Salat verteilen.

Sommersalat mit Ananassauce

ca. 420 kcal/1740 kJ

Zubereitungszeit: ca. 20 Minuten

Zutaten für 2 Portionen

Für den Salat

1 Chicoreestaude
100 g Feldsalat
100 g Champignons
1 kleiner Kopf Friséesalat

Für die Sauce

1 Avocado
3 EL Zitronensaft
100 Joghurt
100 g saure Sahne
1 TL Kräutersalz
1 TL Currypulver
$^{1}/_{2}$ TL Kardamompulver
einige Tropfen Worchestersauce
$^{1}/_{4}$ Ananas

Außerdem

6 Kirschtomaten
1 Kästchen Kresse

Zubereitung

1 Den Chicoree waschen, putzen, der Länge nach halbieren und den Strunk keilförmig herausschneiden. Die Staude dann in Streifen schneiden.

2 Den Feldsalat putzen, waschen und gut trocken schleudern.

3 Die Champignons putzen, kurz waschen oder vorsichtig abreiben, eventuell die Stielenden abschneiden und die Pilze in feine Scheiben schneiden.

4 Den Friséesalat putzen, waschen und grob zerpflücken. Die Salatzutaten in einer Schüssel mischen.

5 Für die Sauce die Avocado halbieren, den Stein herauslösen und das Fruchtfleisch mithilfe eines Löffels aus der Schale kratzen. Es mit dem Zitronensaft beträufeln und zusammen mit dem Joghurt, der sauren Sahne, Kräutersalz, Curry, Kardamom und der Worchestersauce mit dem Schneidstab pürieren.

6 Die Kirschtomaten waschen und halbieren. Die Ananas in sehr kleine Würfel schneiden und unter die Sauce mischen. Die Sauce auf den Salat geben und mit den Kresseblättchen sowie mit den Kirschtomaten garnieren.

Griechischer Auberginensalat

ca. 220 kcal/930 kJ

Zubereitungszeit: ca. 30 Minuten

Zutaten für 2 Portionen

Für den Salat

1 kleine Aubergine (ca. 250 g)
1 Zucchini
1 rote Paprikaschote
1 EL Meersalz
3 Tomaten
1 Zwiebel

Für die Sauce

2 EL kaltgepresstes Olivenöl
100 ml Wasser
1 EL Obstessig
1 TL Frutilose
1 TL Kräutersalz
1 – 2 Knoblauchzehen
10 schwarze Oliven
2 EL gehacktes Basilikum
2 EL frische Minze

Außerdem

60 g Schafskäse
einige Minzeblättchen

Zubereitung

1 Die Aubergine und die Zucchini waschen, putzen und die Stielansätze herausschneiden. Das Gemüse in schmale Streifen schneiden.

2 Die Paprikaschote waschen, halbieren, entkernen und den Stielansatz herausschneiden. Die Paprikahälften ebenfalls in schmale Streifen schneiden.

3 Nun etwa 1 1/2 Liter Wasser mit dem Salz in einem großen Topf zum Kochen bringen und das Gemüse darin portionsweise jeweils 4 bis 5 Minuten blanchieren. Es anschließend abtropfen und abkühlen lassen.

4 Die Tomaten waschen, halbieren, entkernen und die Stielansätze herausschneiden. Das Fruchtfleisch in kleine Würfel schneiden. Die Zwiebel schälen, halbieren und in dünne Scheiben schneiden.

5 Für die Sauce das Öl mit dem Wasser, dem Essig, der Frutilose und dem Salz kräftig verrühren. Den Knoblauch schälen und durch die Presse dazudrücken. Die Oliven halbieren, entsteinen und zusammen mit den gehackten Kräutern zur Sauce geben.

6 Die Salatzutaten miteinander mischen und auf 2 Tellern anrichten. Die Sauce auf den Salat geben und den Schafskäse darüber zerbröckeln. Den Salat mit Minze garnieren.

Knackiger Salat mit Äpfeln

ca. 310 kcal/1280 kJ ▢ *(auf dem Foto: Mitte)*

Zubereitungszeit: ca. 20 Minuten

Zutaten für 2 Portionen

Für den Salat

50 g ungeschwefelte Rosinen
1 große rote Paprikaschote
1 Kopf Friséesalat
2 säuerliche Äpfel
2 EL Zitronensaft

Für die Sauce

Saft von 1/2 Zitrone
100 ml Wasser
1 1/2 EL Sonnenblumenöl
2 TL Frutilose
1/2 – 1 TL frisch geriebener Ingwer
1 TL Kräutersalz
1/2 TL Zimtpulver
1 kleines Bund glatte Petersilie

Zubereitung

1 Die Rosinen mit kochend heißem Wasser übergießen und etwa 10 Minuten stehen lassen.

2 In der Zwischenzeit die Paprikaschote waschen, putzen, halbieren, entkernen und den Stielansatz herausschneiden. Die Hälften nun in feine Streifen schneiden.

3 Den Friséesalat putzen, waschen und zerpflücken.

4 Die Äpfel waschen, vierteln und die Kerngehäuse herausschneiden. Das Fruchtfleisch in kleine Würfel schneiden und sofort mit dem Zitronensaft beträufeln.

5 Für die Sauce den Zitronensaft mit Wasser sowie mit dem Öl verrühren und mit der Frutilose süßen. Je nach Geschmack den Ingwer hinzufügen und die Sauce mit dem Kräutersalz und dem Zimt abschmecken.

6 Die Rosinen abtropfen lassen und ebenfalls in die Sauce geben. Die Petersilie waschen, trocken tupfen und fein hacken. Die Sauce auf den Salat gießen und das Ganze mit Petersilie bestreuen.

Rote-Bete-Salat

ca. 150 kcal/610 kJ ▢ *(auf dem Foto: unten)*

Zubereitungszeit: ca. 15 Minuten

Zutaten für 2 Portionen

3 rote Beten (ca. 600 g)
1 1/2 EL Obstessig
1/8 l Wasser
1 kleine Zwiebel
1 TL Kümmelpulver
1 TL Frutilose
1 TL Kräutersalz
1/2 Bund gehackte Petersilie

Zubereitung

1 Die roten Beten waschen und in 1 Liter Wasser etwa 20 Minuten gar kochen. Sie anschließend herausnehmen, abkühlen lassen, schälen und in dünne Scheiben schneiden.

2 Für die Sauce den Essig mit dem Wasser verrühren. Die Zwiebel schälen, fein hacken und zusammen mit dem Kümmel, der Frutilose und dem Kräutersalz unter die Sauce rühren. Diese auf die roten Beten gießen und alles miteinander mischen.

3 Den Salat einige Minuten durchziehen lassen und mit der gehackten Petersilie bestreuen.

Türkischer Gurkensalat

ca. 250 kcal/1070 kJ ▢ *(auf dem Foto: oben)*

Zubereitungszeit: ca. 15 Minuten

Zutaten für 2 Portionen

1 große Salatgurke
1 TL Meersalz
2 – 3 Knoblauchzehen
1 Bund Dill
2 Becher Sahnejoghurt à 150 g
1 EL Olivenöl
1 TL edelsüßes Paprikapulver

Zubereitung

1 Die Gurke schälen, halbieren und entkernen. Das Fruchtfleisch hobeln, salzen und beiseitestellen.

2 Den Knoblauch schälen und durchpressen. Etwas Dill beiseitelegen. Den Rest fein hacken.

3 Den Joghurt zusammen mit dem Öl aufschlagen. Die Gurken in ein Sieb geben und das überschüssige Wasser ausdrücken. Sie dann zusammen mit dem Knoblauch und dem Dill zum Joghurt geben. Den Salat mit dem Paprikapulver bestreuen und mit dem restlichen Dill garnieren. Nach Belieben den Salat etwas nachsalzen.

Einfache Knoblauchsauce

ca. 105 kcal/423 kJ ▢ (auf dem Foto: links)

Zubereitungszeit: ca. 5 Minuten

Zutaten für 2 Portionen

1 Becher Joghurt (175 g)
2 EL saure Sahne
2 – 3 Knoblauchzehen
1 TL Kräutersalz
$^1/_2$ TL edelsüßes Paprikapulver

Zubereitung

1 Den Joghurt zusammen mit der sauren Sahne mit dem Schneebesen cremig schlagen.
2 Den Knoblauch schälen und durch die Presse dazudrücken. Alles gut verrühren und mit dem Kräutersalz abschmecken.
3 Die Sauce mit dem Paprikapulver bestreuen.

Südländische Knoblauchsauce

ca. 370 kcal/1550 kJ ▢ *(auf dem Foto: rechts)*

Zubereitungszeit: ca. 5 Minuten

Zutaten für 6 Portionen

2 – 3 Knoblauchzehen
1 Bund glatte Petersilie
250 ml Olivenöl
1 TL Meersalz

Zubereitung

1 Den Knoblauch schälen und durch die Presse drücken. Die Petersilie waschen, trocken tupfen und fein hacken.

2 Das Öl in eine kleine Schüssel geben und zusammen mit dem Knoblauch, der Petersilie und dem Meersalz zu einer Sauce verrühren.

Tipp

Die Sauce können Sie zu allen pikanten Fleisch- und Fischgerichten servieren.

Rote-Bete-Dip

ca. 180 kcal/770 kJ ▢ *(auf dem Foto: links)*

Zubereitungszeit: ca. 30 Minuten

Zutaten für 2 Portionen

1 rote Bete (ca. 200 g)
1 Becher Joghurt (175 g)
1 EL Frutilose
2 EL Zitronensaft
1 TL Kräutersalz
2 Zweige Dill

Zubereitung

1 Die rote Bete waschen und in etwas Wasser in etwa 20 Minuten gar kochen. Sie anschließend herausnehmen, abkühlen lassen und schälen.
2 In der Zwischenzeit den Joghurt mit dem Schneebesen cremig schlagen, mit der Frutilose sowie mit dem Zitronensaft leicht süß-säuerlich abschmecken und mit dem Kräutersalz würzen.
3 Die rote Bete mit dem Schneidstab pürieren und unter den Joghurt rühren. Das Ganze mit dem gewaschenen Dill garnieren.

Käsedressing

ca. 215 kcal/894 kJ ▢ *(auf dem Foto: rechts)*

Zubereitungszeit: ca. 10 Minuten

Zutaten für 2 Portionen

80 g Edelpilzkäse (60 % Fett i. Tr.)
125 g Buttermilch
1 EL Olivenöl
1/2 Bund Petersilie

Zubereitung

1 Den Käse zusammen mit der Buttermilch und dem Öl mit dem Schneidstab pürieren oder mit einer Gabel gründlich glatt rühren.
2 Die Petersilie waschen, trocken tupfen, fein hacken und unter das Dressing mischen.

Tipp

Das Käsedressing und der Rote-Bete-Dip passen gut zu Rohkost.

Grüne Suppe

ca. 190 kcal/820 kJ

Zubereitungszeit: ca. 30 Minuten

Zutaten für 2 Portionen

150 g frische Spinatblätter
1 Tasse frische Sauerampferblätter
1 Zwiebel
1 Knoblauchzehe
1 EL Butter
300 ml Wasser
2 TL vegetarische Gemüsebrühe (Instantpulver)
1 Msp. Cayennepfeffer
4 EL süße Sahne

Zubereitung

1 Spinatblätter und Sauerampfer grob hacken. Zwiebel und Knoblauch in grobe Würfel schneiden.
2 Die Butter in einem Topf zerlassen und die Zwiebel- sowie die Knoblauchwürfel darin glasig dünsten. Die gehackten Gemüseblätter hinzufügen, sie kurz zusammenfallen lassen und das Ganze mit dem Wasser auffüllen.
3 Die Suppe mit der Gemüsebrühe sowie dem Cayennepfeffer würzen und sie bei mäßiger Hitze im geschlossenen Topf etwa 8 Minuten köcheln lassen. Die Suppe pürieren und die Sahne darunterziehen, nicht mehr kochen lassen.

Feine Fenchelsuppe

ca. 170 kcal/700 kJ

Zubereitungszeit: ca. 30 Minuten

Zutaten für 2 Portionen

1 kleine Zwiebel
1 EL Butter
1 Fenchelknolle
350 ml Wasser
1 EL vegetarische Gemüsebrühe (Instantpulver)
3 EL saure Sahne
2 EL gehackte Petersilie

Zubereitung

1 Die Zwiebel schälen, fein würfeln und in der Butter glasig dünsten.
2 Den Fenchel waschen, putzen und in grobe Würfel schneiden. Etwas Fenchelgrün für die Garnitur beiseitelegen.
3 Die Fenchelwürfel zu den Zwiebeln geben und kurz mitdünsten. Nun das Wasser hinzufügen, alles mit der Gemüsebrühe würzen und zugedeckt 18 bis 20 Minuten leicht köcheln lassen.
4 Anschließend die Suppe mit dem Schneidstab pürieren und mit der Sahne verfeinern. Sie zum Schluss mit der gehackten Petersilie und dem Fenchelgrün bestreuen.

Kalte Sommersuppe

ca. 250 kcal/1030 kJ

Zubereitungszeit: ca. 30 Minuten
Kühlzeit: mind. 1 Stunde

Zutaten für 2 Portionen

5–6 reife Tomaten (ca. 500 g)
1 grüne Paprikaschote
1 Stück Knollensellerie (ca 125 g)
2 Möhren
1 Zwiebel
1 EL Olivenöl
1 Schuss Weißwein
100 ml Wasser
2 TL vegetarische Gemüsebrühe (Instantpulver)
1 Msp. Cayennepfeffer
1 TL Pizzagewürz
1/4 l Buttermilch
6 Basilikumblättchen

Zubereitung

1 Die Tomaten waschen, über Kreuz einritzen, kurz überbrühen, abschrecken und enthäuten. Sie dann halbieren, entkernen und die Stielansätze herausschneiden. Das Fruchtfleisch in große Stücke schneiden und mit dem Schneidstab pürieren. Das Püree nach Belieben durch ein Sieb streichen.

2 Die Paprika waschen, putzen, halbieren, entkernen und den Stielansatz herausschneiden. Das Fruchtfleisch klein würfeln.

3 Den Sellerie und die Möhren putzen oder schälen und ebenfalls in kleine Würfel schneiden. Die Zwiebel schälen und fein würfeln.

4 Das Olivenöl in einem Topf erhitzen und die Gemüsewürfel darin andünsten. Das Gemüse mit dem Weißwein ablöschen und mit dem Wasser sowie mit dem Tomatenpüree auffüllen. Alles zum Kochen bringen.

5 Das Ganze mit Gemüsebrühe, dem Cayennepfeffer und dem Pizzagewürz abschmecken und bei geringer Hitzezufuhr zugedeckt etwa 15 Minuten köcheln lassen.

6 Die Suppe abkühlen lassen und zum Erkalten für etwa 1 Stunde in den Kühlschrank stellen.

7 Die Basilikumblättchen waschen und trocken tupfen. Die Buttermilch zu der kalten Suppe gießen und verrühren. Das Ganze mit den Basilikumblättchen garnieren.

Flädlesuppe

ca. 315 kcal/1325 kJ

Zubereitungszeit: ca. 15 Minuten

Zutaten für 2 Personen

Für die Flädle

40 g süße Sahne
1 Eigelb
1/2 TL Meersalz
1 Msp. geriebene Muskatnuss
50 g feines Weizen- oder Dinkelvollkornmehl
2 EL Sonnenblumenöl

Für die Suppe

1 l vegetarische Gemüsebrühe (aus Instantpulver)

Außerdem

1 EL Schnittlauchröllchen
1 EL fein gehackte Petersilie
1 TL gehackter Liebstöckel

Zubereitung

1 Die Sahne, 130 ml Wasser und das Eigelb mit einem Schneebesen verrühren. Das Meersalz und die Muskatnuss zugeben.

2 Nach und nach das Vollkornmehl hinzufügen und alles zu einem glatten Teig verrühren.

3 1 Esslöffel Öl in der Pfanne nicht zu stark erhitzen. Die Hälfte des Teigs in die Pfanne geben, gleichmäßig verteilen und einen dünnen Pfannkuchen backen. Mit der zweiten Teighälfte ebenso verfahren.

4 Die Pfannkuchen abkühlen lassen und in dünne Streifen schneiden.

5 Die Gemüsebrühe erhitzen, mit Meersalz abschmecken und die Pfannkuchenstreifen hinzugeben. Zum Schluss die Kräuter über die Suppe streuen.

Paprikarahmsuppe

ca. 150 kcal/620 kJ

Zubereitungszeit: ca. 35 Minuten

Zutaten für 2 Personen

1 Zwiebel
1 rote Paprikaschote
1 gelbe Paprikaschote
1 EL Butter
1 EL feines Dinkelvollkornmehl
3/8 l vegetarische Gemüsebrühe (aus Instantpulver)
4 EL süße Sahne
1 EL frisch gehackte Petersilie

Zubereitung

1 Die Zwiebel schälen und fein würfeln.

2 Die Paprikaschoten waschen, putzen, die Kerngehäuse entfernen und das Fruchtfleisch in feine Streifen schneiden. Einige Streifen für die Garnitur beiseitelegen.

3 Die Paprikastreifen mit den Zwiebelwürfeln etwa 5 Minuten in Butter dünsten.

4 Dann das Mehl darüberstäuben, leicht anschwitzen und die Gemüsebrühe unter Rühren dazugießen.

5 Das Ganze etwa 10 Minuten köcheln lassen. Die Suppe pürieren und mit der Sahne verfeinern.

6 Die Suppe mit den Paprikastreifen und der Petersilie servieren.

Pilzsalat

ca. 240 kcal/1000 kJ

Zubereitungszeit: ca. 35 Minuten

Zutaten für 2 Portionen

Für den Salat

400 g grüne Bohnen
etwas Meersalz
250 g Champignons
1 1/2 EL Butter
2 TL Pizzagewürz
1 – 2 TL vegetarische Gemüsebrühe (Instantpulver)
4 Tomaten
1 rote Paprikaschote

Für die Sauce

1 EL Olivenöl
1 EL Obstessig
1 TL Kräutersalz

Außerdem

1 EL gehackte glatte Petersilie

Zubereitung

1 Die Bohnen putzen, kurz waschen, wenn nötig, abfädeln und in 3 cm lange Stücke schneiden. In wenig leicht gesalzenem Wasser in 15 bis 18 Minuten bissfest garen.
2 In der Zwischenzeit die Champignons putzen und in feine Streifen schneiden.
3 Die Butter in einer Pfanne schmelzen lassen und die Pilze bei mittlerer Hitze von allen Seiten so lange braten, bis sie leicht Farbe angenommen haben. Mit dem Pizzagewürz und der vegetarischen Gemüsebrühe abschmecken, dann auskühlen lassen.
4 Die Tomaten waschen. Die Paprikaschote waschen und putzen. Das Gemüse in schmale Streifen schneiden.
5 Die Bohnen abgießen, mit Pilzen, Tomaten und Paprika auf zwei Tellern anrichten.
6 Für die Sauce das Olivenöl mit dem Essig und 80 ml Wasser verrühren und mit Kräutersalz abschmecken.
7 Die Sauce über den Salat geben. Mit Petersilie garnieren.

Kohlrabisalat

ca. 200 kcal/840 kJ

Zubereitungszeit: ca. 15 Minuten

Zutaten für 2 Personen

3 Kohlrabiknollen (600 g)
150 g saure Sahne
1 EL Obstessig
1 TL Kräutersalz
1 TL Frutilose
3 EL fein gehackte Kräuter (Petersilie, Schnittlauch, Dill)
2 EL Sonnenblumenkerne

Zubereitung

1 Die Kohlrabi schälen, waschen und grob raspeln.
2 Die saure Sahne mit 60 ml Wasser, Essig, Kräutersalz und Frutilose glatt rühren.
3 Die Sauce über die Kohlrabiraspel gießen und den Salat mit Kräutern und Sonnenblumenkernen bestreuen.

Rohkostplatte

ca. 130 kcal/545 kJ

Zubereitungszeit: ca. 20 Minuten

Zutaten für 2 Portionen

Für den Salat

3 Möhren
1 kleiner Rettich
100 g Champignons
1 kleine Salatgurke
1 rote Paprikaschote
Petersilie zum Garnieren

Für die Sauce

1 EL Sonnenblumenöl
1/2 TL Meersalz
1 TL Obstessig
5–6 EL Wasser

Zubereitung

1 Die Möhren und den Rettich schälen, waschen und fein raspeln.

2 Die Champignons putzen und in dünne Scheiben schneiden.

3 Die Gurke schälen und in dünne Scheiben hobeln.

4 Die Paprikaschote waschen, putzen und in kleine Streifen oder Würfel schneiden.

5 Jeweils in die Mitte von zwei Tellern ein Häufchen geraspelter Möhren geben. Die anderen Rohkostzutaten einzeln rundherum anrichten.

6 Alle Saucenzutaten miteinander verrühren, die Sauce über die Rohkost geben und diese mit der gewaschenen Petersilie garnieren.

Bunter Bohnensalat

ca. 340 kcal/1420 kJ

Zubereitungszeit: ca. 30 Minuten

Zutaten für 2 Portionen
Für den Salat
400 g grüne Bohnen
1 Stängel Bohnenkraut
1 Zwiebel
125 g frische Champignons
2 rote Paprikaschoten

Für die Sauce
2 EL Balsamicoessig
100 ml Wasser
3 EL süße Sahne
1 TL Kräutersalz
3 EL gehackte Kräuter
(z. B. Petersilie, Schnittlauch)

Außerdem
2 hart gekochte Eier

Zubereitung

1 Die Bohnen putzen, waschen und die Fäden abziehen. Sie dann schräg in etwa 3 cm lange Stücke schneiden. Das Bohnenkraut waschen, trocken tupfen und die Blättchen abzupfen.

2 Die Bohnen in einen Topf geben, das Bohnenkraut hinzufügen und das Gemüse in wenig Wasser im geschlossenen Topf etwa 18 Minuten garen. Die Bohnen anschließend abtropfen und abkühlen lassen.

3 In der Zwischenzeit die Zwiebel schälen, halbieren und in dünne Ringe schneiden. Die Champignons putzen und in feine Scheiben schneiden.

4 Die Paprikaschoten waschen, halbieren, entkernen und die Stielansätze herausschneiden. Die Paprikahälften in Streifen schneiden.

5 Alle vorbereiteten Zutaten miteinander vorsichtig vermengen.

6 Für die Sauce den Essig mit dem Wasser mischen und die Sahne darunterrühren. Die Sauce mit dem Salz sowie den Kräutern abschmecken und auf den Salat gießen.

7 Die Eier schälen, halbieren und zu dem Salat servieren.

Gemüsepfanne mit Knoblauchtoasts

ca. 460 kcal/1950 kJ

Zubereitungszeit: ca. 30 Minuten

Zutaten für 2 Portionen

Für das Gemüse

250 g Champignons
150 g Brokkoli
1 Stange Lauch
1 Zucchini (ca. 200 g)
1 rote Paprikaschote
1 1/2 TL Olivenöl
1 EL vegetarische Gemüsebrühe
1 TL gerebelter Oregano
2 EL süße Sahne

Für die Knoblauchtoasts

2 Knoblauchzehen
2 EL weiche Butter
3 Scheiben Vollkorntoastbrot

Zubereitung

1 Die Champignons putzen, kurz waschen oder vorsichtig abreiben und in Scheiben schneiden. Den Brokkoli putzen, waschen und in kleine Röschen zerteilen. Die Stiele abschneiden, schälen und in Stücke schneiden.

2 Den Lauch putzen, der Länge nach halbieren, waschen und in dünne Ringe schneiden. Die Zucchini waschen und in feine Würfel schneiden.

3 Die Paprikaschote waschen, halbieren, entkernen und den Stielansatz herausschneiden. Die Paprikahälften in feine Streifen schneiden.

4 Das Öl in einer Pfanne leicht erhitzen und das Gemüse unter Rühren darin andünsten.

5 Das Gemüse mit Brühe und dem Oregano würzen und alles zugedeckt etwa 8 Minuten dünsten.

6 In der Zwischenzeit den Knoblauch schälen und durch die Presse drücken. Die Butter mit der Gabel zerdrücken und mit dem Knoblauch mischen.

7 Die Toastbrotscheiben diagonal halbieren und mit der Knoblauchbutter bestreichen. Die Toastbrotecken mit der Butterseite nach unten knusprig rösten.

8 Das Gemüse mit der süßen Sahne verfeinern. Die Knoblauchtoasts darauf anrichten und sofort servieren.

Austernpilzragout

ca. 250 kcal/1050 kJ

Zubereitungszeit: ca. 30 Minuten

Zutaten für 2 Personen

400 g Möhren
400 g Austernpilze
1 Zwiebel
1 1/2 EL Butter
2 gehäufte EL feines Dinkel- oder Weizenvollkornmehl
1/4 l vegetarische Gemüsebrühe (hergestellt aus Instantpulver)
2 gehäufte EL saure Sahne
2 EL gehackte Petersilie
2 EL Kerbelblättchen

Zubereitung

1 Die Möhren waschen, putzen, schälen und in dünne Scheiben schneiden.

2 Die Austernpilze putzen und in grobe Stücke zerschneiden.

3 Die Zwiebel schälen und fein würfeln. Die Butter in einer Pfanne zerlassen und die Zwiebelwürfel darin glasig dünsten. Möhren und Pilze hinzufügen und unter Rühren mitschmoren lassen.

4 Das Ragout mit dem Vollkornmehl bestäuben und die Gemüsebrühe dazugießen. Dabei gut umrühren. Danach das Ragout zugedeckt 15 bis 20 Minuten leicht köcheln lassen.

5 Das Ragout mit der sauren Sahne verfeinern und mit der Petersilie und dem Kerbel bestreuen.

Tipp

Da dieses Ragout zur Kohlenhydratgruppe gehört, können Sie dazu Kartoffelpüree oder Reis essen.

Chicoréesalat mit Mango

ca. 270 kcal/1130 kJ

Zubereitungszeit: ca. 25 Minuten

Zutaten für 2 Personen

Für den Salat

3 Chicoréestauden
2 rote Paprikaschoten
1 große Mango

Für die Sauce

3 EL Zitronensaft
1 EL Frutilose
1 EL Walnussöl
1 TL Meersalz

Zum Bestreuen

50 g Alfalfasprossen
30 g Mandelblättchen

Zubereitung

1 Den Chicorée putzen, waschen, halbieren und die Strünke keilförmig herausschneiden. Ein paar schöne Blätter zum Anrichten beiseitelegen, die restlichen in kleine Stücke schneiden.

2 Die Paprikaschoten waschen, putzen, vierteln und Kerne sowie weiße Häute entfernen. Die Schoten in kleine Würfel schneiden.

3 Die Mango schälen, das Fruchtfleisch in Spalten vom Stein abschneiden und in kleine Würfel schneiden.

4 Klein geschnittene Chicorée, Paprika und Mango in einer Schüssel anrichten und mit den beiseitegelegten Chicoréeblättern dekorativ garnieren.

5 Für die Sauce Zitronensaft, 80 ml Wasser, Frutilose, Öl und Salz miteinander verrühren und die Sauce über den Salat gießen.

6 Die Alfalfasprossen in einem Sieb mit kaltem Wasser abbrausen und gut abtropfen lassen.

7 Vor dem Servieren die Sprossen zusammen mit den Mandelblättchen über den Salat streuen.

Tipp

Dazu passt sehr gut Hühner- oder Kalbfleisch.

Pikante Champignontorte

ca. 720 kcal/3030 kJ

Zeit zum Gehen: ca. 40 Minuten
Zubereitungszeit: ca. 45 Minuten
Backzeit: ca. 20 Minuten

Zutaten für 2 Portionen

Für den Teig
1 Würfel Hefe (42 g)
130 ml lauwarmes Wasser
200 g Dinkelvollkornmehl
1/2 TL Meersalz
Butter für die Form

Für den Belag
500 g Champignons
1 Zwiebel
1 Knoblauchzehe
1 1/2 EL Olivenöl
2 TL vegetarische Gemüsebrühe (Instantpulver)
1 – 2 TL gerebelter Oregano
100 g Allgäuer Emmentaler

Zubereitung

1 Die Hefe in dem lauwarmen Wasser auflösen und mit der Hälfte des Mehls zu einem glatten Vorteig rühren. Diesen zugedeckt etwa 20 Minuten an einem warmen Ort gehen lassen.

2 Anschließend das restliche Mehl und das Salz hinzufügen und alles zu einem geschmeidigen Teig verkneten.

3 Tarte- oder Springform (26 cm Ø) mit Butter einfetten. Den Teig auf einer bemehlten Arbeitsfläche ausrollen und in die Form legen. Den Teig an einem warmen Ort noch einmal etwa 20 Minuten gehen lassen, bis er etwa doppelt so dick ist. Backofen auf 200 °C vorheizen.

4 Inzwischen die Pilze putzen, kurz waschen oder vorsichtig abreiben und in dünne Scheiben schneiden. Die Zwiebel schälen und in kleine Würfel schneiden. Den Knoblauch schälen und durch die Presse drücken.

5 Das Öl in einer Pfanne erhitzen und die Champignons zusammen mit den Zwiebelwürfeln und dem Knoblauch darin 10 bis 15 Minuten unter Rühren braten, bis fast alle Flüssigkeit verdampft ist.

6 Alles mit der Gemüsebrühe und dem Oregano würzen. Die Champignon-Zwiebel-Mischung auf dem Teig verteilen und mit dem Käse belegen. Die Torte im Backofen 18 bis 20 Minuten überbacken.

Tipp

Essen Sie vorher einen kleinen Salat aus der neutralen Gruppe. Vollkornteig lässt sich in der Form wesentlich besser verteilen, wenn man die Hände etwas mit Wasser befeuchtet.

Pikante Käsetörtchen

ca. 135 kcal/569 kJ

Zubereitungszeit: ca. 30 Minuten
Backzeit: ca. 12 Minuten

Zutaten für 9 Stück

Für den Teig

1 Eigelb
125 g Quark (20 % Fett i. Tr.)
75 g feines Dinkelvollkornmehl
1/2 TL Meersalz
25 g fein gemahlene Hirse
Butter für die Förmchen

Für die Füllung

100 g Ziegenfrischkäse
250 g Joghurt, 3,5 %
1 1/2 TL Meersalz
3 – 4 TL edelsüßes Paprikapulver

Zubereitung

1 Das Eigelb zusammen mit dem Quark cremig rühren.

2 Nach und nach das Mehl, das Salz und die Hirse hinzufügen und alles rasch zu einem geschmeidigen Teig verkneten.

3 Den Backofen auf 180 °C vorheizen. Nun 9 kleine Pastetenförmchen einfetten und mit dem Teig dünn auslegen. Die Förmchen auf ein Backblech setzen und die Törtchen im Backofen 10 bis 12 Minuten backen.

4 In der Zwischenzeit für die Füllung den Frischkäse mit dem Joghurt cremig verrühren und das Ganze mit Salz sowie mit etwas Paprikapulver nach Belieben würzen.

5 Die Törtchen nach der Backzeit aus den Förmchen nehmen und abkühlen lassen. Sie dann mit der Käsecreme füllen und mit etwas Paprikapulver bestreuen.

Tipp

Die Törtchen können Sie 1 bis 2 Tage im Kühlschrank aufbewahren.

Zuckerschotengemüse in Sahne

ca. 350 kcal/1490 kJ

Zubereitungszeit: ca. 20 Minuten

Zutaten für 2 Portionen

600 g Zuckerschoten
1 kleine Zwiebel
1 EL Butter
2 TL vegetarische Gemüsebrühe (Instantpulver)
4 EL süße Sahne
4 EL gehackte Petersilie

Zubereitung

1 Die Zuckerschoten putzen, waschen und eventuell die Fäden abziehen. Die Zwiebel schälen und sehr fein würfeln.
2 Die Butter in einem Topf schmelzen lassen und die Zwiebel darin andünsten. Die Zuckerschoten dazugeben und kurz mitdünsten.
3 Dann etwa 100 ml Wasser angießen, alles mit der Gemüsebrühe würzen und etwa 10 Minuten zugedeckt leise köcheln lassen.
4 Zum Schluss die Sahne unterrühren und das Gemüse mit der Petersilie bestreut servieren.

Möhrengemüse

ca. 140 kcal/590 kJ

Zubereitungszeit: ca. 30 Minuten

Zutaten für 2 Portionen

600 g kleine Möhren
1 EL Butter
1 TL vegetarische Gemüsebrühe (Instantpulver)
3 EL gehackte Petersilie

Zubereitung

1 Die Möhren putzen, waschen, schälen und in dünne Scheiben schneiden.
2 Die Butter in einem Topf zerlassen und die Karotten unter Rühren darin andünsten. Dann etwa 100 ml Wasser angießen, mit der Brühe würzen und zugedeckt etwa 20 Minuten köcheln lassen.
3 Möhren aus der Garflüssigkeit heben und mit der Petersilie bestreut servieren.

Lauchgemüse

ca. 220 kcal/900 kJ

Zubereitungszeit: ca. 25 Minuten

Zutaten für 2 Portionen

2 – 3 Stangen Lauch (ca. 800 g)
1 EL Butter
2 TL vegetarische Gemüsebrühe (Instantpulver)
3 1/2 EL saure Sahne

Zubereitung

1 Den Lauch der Länge nach halbieren, gründlich waschen und putzen. Ihn dann in feine Streifen schneiden.
2 Die Butter in einem Topf zerlassen und die Lauchstreifen darin bei geringer Hitze andünsten. Dann etwa 1/8 Liter Wasser angießen, mit der Gemüsebrühe würzen und das Gemüse zugedeckt etwa 12 Minuten leicht köcheln lassen.
3 Den fertigen Lauch mit Sahne verfeinern.

Zucchinigemüse

ca. 180 kcal/735 kJ

Zubereitungszeit: ca. 30 Minuten

Zutaten für 2 Portionen

800 g Zucchini
1 Zwiebel
1 Knoblauchzehe
2 EL Olivenöl
1 1/2 TL Kräutersalz
1 Kästchen Kresse

Zubereitung

1 Die Zucchini waschen, putzen und in feine Scheiben schneiden. Zwiebel und Knoblauch schälen und fein würfeln.
2 Das Öl in einer großen Pfanne erhitzen und die Zwiebel sowie den Knoblauch darin andünsten. Die Zucchinischeiben hinzufügen und unter Wenden leicht anbraten.
3 Das Gemüse mit dem Kräutersalz würzen und zugedeckt 5 bis 8 Minuten garen. Nach der Garzeit mit der Kresse garnieren.

Ratatouille

ca. 230 kcal/950 kJ ▢ *(auf dem Foto: rechts)*

Zubereitungszeit: ca. 30 Minuten

Zutaten für 2 Portionen

1 kleine Aubergine (ca. 250 g)
1 TL Meersalz
400 g reife Tomaten
2 rote Paprikaschoten
1 Zwiebel
1 – 2 Knoblauchzehen
3 EL Olivenöl
1 TL Kräutersalz
1 TL gerebelter Rosmarin
1 TL Korianderpulver
1 TL gerebelter Oregano
1 TL Zitronensaft
einige Basilikumblättchen

Zubereitung

1 Die Aubergine waschen, putzen und in $^1/_2$ cm dicke Scheiben schneiden.

2 In der Zwischenzeit die Tomaten über Kreuz einritzen, kurz überbrühen, abschrecken und enthäuten. Sie dann halbieren, entkernen und die Stielansätze herausschneiden. Dann in große Stücke schneiden.

3 Die Paprikaschoten waschen, halbieren, entkernen und die Stielansätze herausschneiden. Die Paprikahälften ebenfalls in große Stücke schneiden. Die Zwiebel sowie den Knoblauch schälen und fein hacken.

4 Das Öl in einer großen Pfanne erhitzen. Die Auberginenscheiben mit Küchenkrepp trocken tupfen und zusammen mit den Tomaten- und Paprikastücken in dem Öl andünsten. Dabei ab und zu umrühren.

5 Das Gemüse mit Salz, Rosmarin, Koriander und Oregano würzen und alles zugedeckt etwa 15 Minuten leise köcheln lassen.

6 Zum Schluss den Zitronensaft in das Ratatouille rühren und alles mit den Basilikumblättchen garnieren.

Junge Erbsen auf italienische Art

ca. 180 kcal/750 kJ ▢ *(auf dem Foto: Mitte)*

Zubereitungszeit: ca. 30 Minuten

Zutaten für 2 Portionen

500 g TK-Erbsen
1 kleine Zwiebel
1 EL Butter, 1 TL Meersalz
$^1/_8$ l kochendes Wasser
15 Blätter Endiviensalat
3 EL gehackte Petersilie

Zubereitung

1 Die Zwiebel schälen und fein hacken.

2 Die Butter in einem Topf schmelzen lassen. Die Zwiebel darin andünsten und dann die Erbsen hinzufügen. Das Gemüse mit dem Salz abschmecken.

3 Nun das kochende Wasser angießen und alles zugedeckt bei geringer Hitze etwa 18 Minuten garen.

4 In der Zwischenzeit den Salat putzen, waschen und in breite Streifen schneiden. Diese zu den Erbsen geben und alles noch ungefähr 2 Minuten leicht köcheln lassen. Das Ganze zum Schluss mit der gehackten Petersilie bestreuen.

Provenzalische Grilltomaten

ca. 90 kcal/390 kJ ▢ *(auf dem Foto: links)*

Zubereitungszeit: ca. 25 Minuten

Zutaten für 2 Portionen

etwas Öl für die Form
4 Tomaten
1 – 2 Knoblauchzehen
1/2 Bund Petersilie
1 TL gerebelter Rosmarin
2 TL gerebelter Oregano
1 EL Olivenöl
1 TL Kräutersalz

Zubereitung

1 Eine kleine Auflaufform mit Öl auspinseln. Die Tomaten waschen, gut abtrocknen und mit dem Stielansatz nach unten in die Form setzen. Den Backofen auf 180 °C vorheizen.

2 Die Oberseite der Tomaten großzügig über Kreuz einritzen und mit einem Löffel das Fruchtfleisch etwas nach innen drücken.

3 Den Knoblauch schälen und durch die Presse drücken. Die Petersilie waschen, trocken tupfen und fein hacken.

4 Den Knoblauch und die Petersilie mit Rosmarin, Oregano, Öl und Salz vermengen. Diese würzige Mischung mithilfe eines Löffels portionsweise in die Öffnung der Tomaten geben und leicht andrücken.

5 Die Tomaten im Ofen etwa 15 Minuten grillen, bis die Tomatenhaut braun zu werden beginnt.

Kohlenhydratreiche Hauptgerichte

Kartoffelsalat mit Lachs

ca. 380 kcal/800 kJ ▢ *(auf dem Foto: Mitte)*

Zubereitungszeit: ca. 30 Minuten

Zutaten für 2 Portionen

400 g kleine festkochende Kartoffeln
150 g Joghurt
50 g saure Sahne
50 ml vegetarische Gemüsebrühe (aus Instantpulver)
1 EL Obstessig
1 kleine Zwiebel
1 TL Kräutersalz
1 Msp. Cayennepfeffer
200 g gebeizter Lachs oder Räucherlachs
1 kleines Bund Dill

Zubereitung

1 Die Kartoffeln in der Schale kochen. Sie anschließend abkühlen lassen, schälen und in Scheiben schneiden.

2 Für die Sauce den Joghurt mit der Sahne sowie der Gemüsebrühe cremig rühren und mit dem Essig leicht säuern. Die Zwiebel schälen, fein hacken und in die Sauce geben. Die Sauce mit dem Kräutersalz sowie mit dem Cayennepfeffer abschmecken und auf die Kartoffeln geben. Alles gut durchmischen.

3 Den Lachs in Streifen schneiden und auf dem Kartoffelsalat anrichten. Den Dill waschen, von den Stielen zupfen und den Salat damit garnieren.

Tipp

Essen Sie zu dem Kartoffelsalat den Salat vom Rezept „Schollenfilet mit bunter Salatschüssel" (S. 111).

Provenzalisches Kartoffelgemüse

ca. 300 kcal/1260 kJ ▢ *(auf dem Foto: oben)*

Zubereitungszeit: ca. 45 Minuten

Zutaten für 2 Portionen

1 große Zwiebel
250 g Champignons
300 g Zucchini
400 g Kartoffeln
2 EL Olivenöl
1 1/2 TL Kräutersalz
2–3 TL Kräuter der Provence
10 Kirschtomaten (ca. 150 g)
einige Basilikumblättchen

Zubereitung

1 Die Zwiebel schälen und in Würfel schneiden. Die Pilze putzen, kurz waschen oder vorsichtig abreiben und ebenfalls würfeln.

2 Die Zucchini waschen und putzen. Die Kartoffeln schälen. Beides in 1 bis 2 cm große Würfel schneiden.

3 Das Öl in einer großen Pfanne erhitzen und die Gemüse- sowie die Pilzwürfel darin unter Rühren anbraten. Alles mit dem Kräutersalz und den Kräutern der Provence würzen. Dann das Gemüse zugedeckt bei schwacher Hitze 18 bis 20 Minuten schmoren lassen. Zum Schluss noch einmal umrühren.

4 Die Kirschtomaten waschen und halbieren. Sie mit dem Basilikum auf dem Gemüse anrichten.

Bratkartoffeln

ca. 250 kcal/1060 kJ ▢ *(auf dem Foto: unten)*

Zubereitungszeit: ca. 30 Minuten

Zutaten für 2 Portionen

400 g Pellkartoffeln vom Vortag
1 Zwiebel
2 EL Sonnenblumenöl
1 TL Kräutersalz

Zubereitung

1 Die Kartoffeln schälen und in Scheiben schneiden.

2 Die Zwiebel schälen, in feine Ringe schneiden und in dem Öl glasig dünsten.

3 Nun die Kartoffelscheiben hinzufügen und alles mit dem Kräutersalz würzen. Die Kartoffeln bei nicht zu starker Hitze so lange braten, bis sie knusprig braun sind, dabei ab und zu wenden.

Bohnensuppe mit Schwemmklößchen

ca. 430 kcal/1790 kJ

Zubereitungszeit: ca. 45 Minuten

Zutaten für 2 Portionen

Für die Suppe

700 g grüne Bohnen
1 – 2 Stängel Bohnenkraut
2 EL Butter
1 l Wasser
1½ EL vegetarische Gemüsebrühe (Instantpulver)

Für die Klößchen

1 kleines Bund Petersilie
einige Blättchen Liebstöckel
6 EL Wasser
2 EL süße Sahne
1 TL vegetarische Gemüsebrühe
70 g feines Dinkelvollkornmehl
1 Eigelb

Zubereitung

1 Die Bohnen waschen, putzen und die Fäden abziehen. Die Bohnen schräg in 3 cm lange Stücke schneiden. Das Bohnenkraut waschen, trocken tupfen und die Blättchen von den Stielen streifen.

2 Die Butter in einem Topf schmelzen lassen und die Bohnen darin bei milder Hitze einige Minuten dünsten. Dann langsam und unter Rühren das Wasser dazugeben. Das Gemüse mit dem Bohnenkraut und der Gemüsebrühe würzen.

3 Den Topf mit einem Deckel schließen und die Bohnen 15 bis 18 Minuten bei geringer Hitze garen.

4 In der Zwischenzeit für die Klößchen die Kräuter waschen, trocken tupfen und fein hacken. In einem Topf das Wasser mit der Sahne und der Gemüsebrühe mischen. Das Mehl hinzufügen und alles unter Rühren langsam so lange erhitzen, bis ein dicker, fester Teig entstanden ist.

5 Den Topf anschließend vom Herd nehmen und die Masse kurz abkühlen lassen. Dann die Kräuter sowie das Eigelb mit einer Gabel darunterkneten. Aus der Masse mithilfe von 2 Teelöffeln Klößchen abstechen.

6 Die Klößchen in die Bohnensuppe geben und im offenen Topf noch ungefähr 5 Minuten gar ziehen lassen.

Dinkel-Lauch-Suppe

ca. 400 kcal/1544 kJ

Quellzeit: ca. 8 Stunden oder über Nacht
Zubereitungszeit: ca. 45 Minuten

Zutaten für 2 Portionen

100 g Dinkelkörner
2 große Stangen Lauch (geputzt ca. 800 g)
1 EL Butter
2 EL fein gemahlenes Dinkelvollkornmehl
3/4 l Wasser
1 1/2 EL vegetarische Gemüsebrühe
1 TL Kümmelpulver
2 EL saure Sahne
1 – 2 TL Currypulver
3 EL gehackte Petersilie

Zubereitung

1 Den Dinkel mit Wasser bedecken und etwa 8 Stunden oder über Nacht quellen lassen.

2 Am nächsten Tag den Dinkel im Einweichwasser bei geringer Hitze im geschlossenen Topf etwa 25 Minuten kochen.

3 In der Zwischenzeit den Lauch putzen, der Länge nach halbieren, gründlich waschen und in schmale Streifen schneiden.

4 Die Butter in einem Topf zerlassen und das Gemüse darin andünsten. Mit dem Mehl bestäuben und unter Rühren das Wasser angießen.

5 Den Lauch mit der Gemüsebrühe und dem Kümmelpulver würzen und die Suppe zugedeckt 12 bis 15 Minuten leicht köcheln lassen.

6 Anschließend die gegarten Dinkelkörner in die Suppe geben. Zum Schluss die saure Sahne mit dem Curry verrühren und unter die heiße, nicht mehr kochende Suppe ziehen. Mit der Petersilie bestreuen.

Scharfes Gemüsehirsotto

ca. 430 kcal/1800 kJ

Zubereitungszeit: ca. 40 Minuten

Zutaten für 2 Portionen

100 g Hirse
450 ml vegetarische Gemüsebrühe (aus Instantpulver)
1 Zwiebel
600 g Möhren
1 1/2 EL Butter
1 getrocknete rote Pfefferschote
75 g saure Sahne
3 EL gehackte Petersilie

Zubereitung

1 Die Hirse in ein Sieb geben und unter heißem Wasser abspülen. Sie dann zusammen mit der Gemüsebrühe in einen Topf geben und zugedeckt 25 bis 30 Minuten köcheln lassen, bis die Hirse weich ist.
2 Inzwischen die Zwiebel schälen und fein hacken. Die Möhren schälen und in Scheiben schneiden.
3 Die Butter in einem weiteren Topf schmelzen lassen und die Zwiebel sowie die Möhren darin andünsten. Die Pfefferschote hinzufügen und etwa 1/8 Liter Wasser angießen.
4 Das Ganze zugedeckt etwa 20 Minuten leicht kochen lassen. Dabei gelegentlich umrühren.
5 Danach die Pfefferschote entfernen und die Hirse zum Gemüse geben.
6 Zum Schluss die Sahne hineinrühren und die Petersilie daraufstreuen.

Italienischer Reistopf

ca. 580 kcal/2440 kJ

Quellzeit: ca. 8 Stunden
Zubereitungszeit: ca. 45 Minuten

Zutaten für 2 Portionen

120 g Naturreis (roh gewogen)
1 Zwiebel
1 Knoblauchzehe
1 Stange Lauch
300 g Möhren
300 g Zucchini
1 1/2 EL Butter
100 g Erbsen (TK-Ware)
600 ml Wasser
2 EL vegetarische Gemüsebrühe (Instantpulver)
1 kleines Bund glatte Petersilie, fein gehackt
2 EL gerebeltes Basilikum
50 g Ricotta

Zubereitung

1 Den Reis mit Wasser bedeckt etwa 8 Stunden quellen lassen, danach im Einweichwasser im geschlossenen Topf etwa 25 Minuten bei milder Hitze kochen.
2 Die Zwiebel und den Knoblauch schälen und in kleine Würfel schneiden. Den Lauch putzen und in dünne Scheiben schneiden.
3 Die Möhren schälen. Die Zucchini waschen und putzen. Beides in Würfel schneiden.
4 Die Butter in einem Topf schmelzen lassen und die Zwiebel- und Knoblauchwürfel darin andünsten. Den Lauch, die Möhren, die Zucchini und die Erbsen hinzufügen und alles unter gelegentlichem Rühren einige Minuten dünsten.
5 Wasser angießen und mit der Gemüsebrühe würzen. Alles aufkochen lassen und bei geringer Hitze zugedeckt etwa 20 Minuten köcheln lassen.
6 Den heißen Reis in die Suppe geben, umrühren, mit Kräutern und Ricotta servieren.

Gefüllte Ofenkartoffeln

ca. 380 kcal/1580 kJ

Zubereitungszeit: ca. 1 Stunde

Zutaten für 2 Portionen

4 Kartoffeln à 150 g
1 große Zwiebel
200 g Champignons
2 rote Paprikaschoten
1 grüne Paprikaschote
2 TL Butter
1 EL vegetarische Gemüsebrühe (Instantpulver)
1 TL gerebelter Oregano
1 TL Butter für die Form
125 g Mozzarella
2 EL saure Sahne
1 EL Majoranblättchen

Zubereitung

1 Die Kartoffeln waschen und mit Wasser knapp bedeckt etwa 12 Minuten kochen. Danach abgießen und vollständig auskühlen lassen.

2 In der Zwischenzeit die Zwiebel schälen und in Ringe schneiden. Die Champignons putzen, kurz waschen oder vorsichtig abreiben und in Scheiben schneiden. Die Paprikaschoten waschen, halbieren, entkernen und die Stielansätze herausschneiden. Das Fruchtfleisch dann in kleine Würfel schneiden.

3 Die Butter in einer Pfanne schmelzen lassen und die Zwiebelringe, die Champignons sowie die Paprikawürfel darin anbraten. Das Ganze mit der Gemüsebrühe und dem Oregano würzen. Den Backofen auf 200 °C vorheizen.

4 Die Kartoffeln der Länge nach halbieren und mit einem Ausstecher oder einem Teelöffel aushöhlen. Die Kartoffelhälften in eine gefettete feuerfeste Form setzen und einen Teil des Gemüses in die Aushöhlungen füllen.

5 Den Käse würfeln und auf die Füllung streuen. Die Kartoffeln im Backofen etwa 1/4 Stunde schön goldgelb überbacken.

6 Das restliche Gemüse mit der sauren Sahne verrühren und zusammen mit den Kartoffeln servieren. Die Majoranblättchen darüberstreuen.

Spinatbratlinge

ca. 540 kcal/2270 kJ

Zubereitungszeit: ca. 30 Minuten

Zutaten für 2 Portionen

Für die Bratlinge

200 ml Wasser
1 EL vegetarische Gemüsebrühe (Instantpulver)
120 g kernige Haferflocken
50 g frischer Spinat
1 Zwiebel
1 Knoblauchzehe
1 EL Butter
1 Eigelb
50 g Quark (20 % Fett i. Tr.)

Außerdem

2 EL Haferflocken
2 EL Semmelbrösel
1 1/2 EL ungehärtetes Kokosfett

Zubereitung

1 In einem Topf das Wasser zusammen mit der Gemüsebrühe und den Haferflocken verrühren. Das Ganze zum Kochen bringen und unter Rühren so lange garen, bis ein dicker Brei entstanden ist. Den Haferflockenbrei dann vom Feuer nehmen und ausquellen lassen.

2 Den Spinat putzen, verlesen, waschen, gut abtropfen lassen und in feine Streifen schneiden.

3 Die Zwiebel und den Knoblauch schälen und fein hacken.

4 Die Butter in einer Pfanne schmelzen lassen und die Zwiebel und den Knoblauch darin glasig dünsten. Die Spinatstreifen dazugeben und ebenfalls kurz andünsten.

5 Den Haferflockenbrei zusammen mit dem Gemüse in eine Schüssel geben und mit dem Eigelb sowie dem Quark verrühren. Die restlichen Haferflocken hinzufügen, alles zu einer Masse verkneten und einige Minuten ziehen lassen.

6 Nun aus dem Brei mit angefeuchteten Händen 2 große oder 4 kleine Bratlinge formen und diese in den Semmelbröseln wenden.

7 Das Fett in einer Pfanne erhitzen und die Bratlinge auf beiden Seiten knusprig braun braten.

Tipp

Servieren Sie zu den Spinatbratlingen den Türkischen Gurkensalat (S. 57) und eine Knoblauchsauce (S. 58).

Kartoffel-Gemüse-Auflauf

ca. 595 kcal/2430 kJ

Zubereitungszeit: ca. 45 Minuten

Zutaten für 2 Portionen

Für die Kartoffeln

400 g Kartoffeln
1 TL vegetarische Gemüsebrühe (Instantpulver)
50 g süße Sahne

Für das Gemüse

1 rote Paprikaschote
1 grüne Paprikaschote
1 Stange Lauch
1 kleine Zucchini (ca. 150 g)
1 Gemüsezwiebel
100 g Champignons
1 EL Olivenöl
2 TL vegetarische Gemüsebrühe (Instantpulver)
1 TL gerebelter Oregano
1 Knoblauchzehe
3 EL süße Sahne
80 g Käse in Scheiben, 60 % Fett i. Tr.
(z. B. Butterkäse, Wörishofener oder Greyerzer)

Zubereitung

1 Die Kartoffeln waschen, schälen und in kleine Würfel schneiden. Sie in der Gemüsebrühe im geschlossenen Topf etwa 20 Minuten weich kochen.

2 Anschließend die Kartoffelwürfel im Kochwasser zerstampfen und das Püree mit der Sahne abschmecken. Das Püree in eine Auflaufform geben. Den Backofen auf 200 °C vorheizen.

3 In der Zwischenzeit das Gemüse vorbereiten. Die Paprikaschoten waschen, halbieren und die Stielansätze herausschneiden. Den Lauch putzen, der Länge nach halbieren und gründlich waschen. Die Zucchini waschen und putzen. Die Zwiebel schälen. Die Pilze putzen und kurz waschen oder vorsichtig abreiben. Dann das Gemüse in feine Streifen, Ringe oder Scheiben schneiden.

4 Das Öl in einer Pfanne erhitzen und das Gemüse darin andünsten. Alles mit der Brühe und dem Oregano abschmecken. Den Knoblauch schälen und durch die Presse dazudrücken. Das Ganze mit der Sahne verfeinern.

5 Das Gemüse auf dem Kartoffelpüree verteilen. Den Käse in Streifen schneiden und auf das Gemüse legen. Nun den Auflauf im Ofen 15 bis 18 Minuten überbacken.

Kartoffelbrei mit Sauerkraut und gerösteten Zwiebeln

ca. 350 kcal/1713 kJ

Zubereitungszeit: ca. 30 Minuten

Zutaten für 2 Portionen

Für den Kartoffelbrei

400 g Kartoffeln
1 TL vegetarische Gemüsebrühe (Instantpulver)
50 g süße Sahne
geriebene Muskatnuss

Für das Sauerkraut

1 kleine Zwiebel
1 EL Sonnenblumenöl
600 g Sauerkraut
1 EL Holstener Liesl
(pflanzlicher Aufstrich, Reformhaus)

Außerdem

1 Gemüsezwiebel
1 EL Sonnenblumenöl

Zubereitung

1 Die Kartoffeln waschen, schälen, vierteln und in etwas Wasser mit der Gemüsebrühe gar kochen.

2 Die Kartoffeln anschließend im Kochwasser stampfen, die Sahne darunterrühren und den Brei mit Muskatnuss abschmecken. Bis zum Servieren warm halten.

3 Für das Sauerkraut die Zwiebel schälen, fein würfeln und in dem Öl glasig dünsten.

4 Das Sauerkraut hinzufügen und unter Rühren leicht anbraten. Danach die Holstener Liesl hineinrühren und alles mit 1/8 Liter Wasser auffüllen. Das Kraut zugedeckt etwa 15 Minuten leicht köcheln lassen.

5 In der Zwischenzeit die Gemüsezwiebel schälen und in feine Ringe schneiden. Das Öl in einer Pfanne nicht zu stark erhitzen und die Zwiebelringe darin unter ständigem Rühren goldbraun anbraten.

6 Den Kartoffelbrei zusammen mit dem Sauerkraut auf 2 Tellern anrichten und die gerösteten Zwiebelringe darauf verteilen.

Schmorgurke mit knuspriger Käsekruste

ca. 510 kcal/2130 kJ

Zubereitungszeit: ca. 45 Minuten

Zutaten für 2 Portionen

2 Scheiben Vollkorntoastbrot
1 kleine Zwiebel
1 Knoblauchzehe
1 1/2 EL Sonnenblumenöl
abgeriebene Schale von
1/2 unbehandelten Zitrone
1 reife Schmorgurke (ca. 800 g)
1 EL Butter
1 kleines Bund Dill
1 EL vegetarische Gemüsebrühe (Instantpulver)
1/2 TL gemahlener Koriander
3 EL süße Sahne
80 g Greyerzer

Zubereitung

1 Das Brot in kleine Würfel schneiden. Die Zwiebel schälen und sehr fein hacken. Den Knoblauch schälen und durch die Presse drücken.

2 Das Öl in einer Pfanne nicht zu stark erhitzen und die Brotwürfel, die Zwiebel und den Knoblauch darin anbraten. Anschließend die Pfanne vom Herd nehmen und die Zitronenschale unter die Brotwürfel rühren.

3 Die Gurke schälen, der Länge nach halbieren und entkernen. Das Fruchtfleisch in kleine Stücke schneiden.

4 Die Butter in einer Pfanne zerlassen und die Gurkenstücke darin bei schwacher Hitze zugedeckt etwa 10 Minuten leicht schmoren lassen.

5 Den Dill waschen, von den Stielen zupfen und fein hacken. Das Gurkengemüse mit dem Dill, der Brühe sowie mit dem Koriander würzen und mit der Sahne verfeinern. Den Backofen auf 180 °C vorheizen.

6 Das Gemüse in eine Auflaufform füllen und die Brotwürfel darauf verteilen. Den Käse in feine Streifen schneiden und auf den Auflauf legen. Im Backofen 10 bis 15 Minuten überbacken.

Lachstatar mit Röstkartoffeln und Dillsauce

ca. 410 kcal/1704 kJ

Zubereitungszeit: ca. 35 Minuten

Zutaten für 2 Portionen

Für die Kartoffeln

400 g Pellkartoffeln (gekocht)
2 EL Olivenöl
1 TL Kräutersalz

Für das Lachstatar

1 Zwiebel
200 g gebeizter Lachs
1 Eigelb
6 Blätter Kopfsalat

Für die Dillsauce

1½ Becher (225 g) Sahnejoghurt (3,5 % Fett)
1 TL Kräutersalz
1 TL edelsüßes Paprikapulver
1 kleines Bund Dill

Zubereitung

1 Die Kartoffeln pellen und in dünne Scheiben schneiden.

2 Das Öl in einer größeren Pfanne erhitzen, die Kartoffelscheiben hineingeben und leicht salzen. Sie bei kleiner Hitze etwa 20 Minuten knusprig braten, dabei ab und zu wenden.

3 In der Zwischenzeit für das Lachstatar die Zwiebel schälen und sehr fein hacken. Den Lachs sehr fein würfeln und mit den Zwiebelwürfeln sowie mit dem Eigelb vermengen.

4 Die Salatblätter waschen, trocken tupfen und in mundgerechte Stücke zerpflücken.
Zwei flache Teller jeweils zur Hälfte mit dem Salat auslegen und das Lachstatar darauf anrichten.

5 Für die Sauce den Joghurt mit dem Salz und dem Paprikapulver würzen. Den Dill waschen, von den Stielen zupfen, fein hacken und unter die Sauce mischen.

6 Die Röstkartoffeln auf die Teller zum Lachstatar geben und zusammen mit der Sauce servieren.

Thüringer Klöße in Pilzsahnesauce

ca. 200 kcal/860 kJ ▢ *(auf dem Foto: oben)*

Zubereitungszeit: ca. 1 1/2 Stunden

Zutaten für 2 Portionen

Für die Klöße

1,5 kg mehligkochende Kartoffeln
1 TL Meersalz
6 EL Buttermilch
1/2 Vollkornbrötchen
1 EL Butter

Für die Pilzsahnesauce

300 g braune Champignons
1 Zwiebel
1 EL Butter
2 EL feines Dinkelvollkornmehl
1 EL vegetarische Gemüsebrühe (Instantpulver)
1 TL gerebelter Majoran
1 Msp. Cayennepfeffer
80 g süße Sahne
3 Stängel glatte Petersilie

Zubereitung

1 Die Kartoffeln schälen. Ein Drittel der Kartoffeln in kleine Würfel schneiden und in etwas Wasser gar kochen. Sie im Kochwasser mit dem Schneidstab pürieren.

2 In der Zwischenzeit die restlichen rohen Kartoffeln reiben und in einem sauberen Tuch gut ausdrücken. Das Kartoffelwasser dabei auffangen und stehen lassen, bis sich die Stärke abgesetzt hat.

3 Den ausgedrückten rohen Kartoffelteig in einen Topf geben und salzen. Das heiße Kartoffelpüree und die Buttermilch zu dem Teig geben und alles gut miteinander mischen. Der Teig sollte nicht zu weich sein.

4 Dann die Hälfte der abgesetzten Kartoffelstärke unter den Teig kneten.

5 Das Brötchen in kleine Würfel schneiden und in der Butter knusprig braten. Aus dem Teig mit feuchten Händen 6 runde Klöße formen und die Brötchenwürfel in die Mitte drücken.

6 In einem großen Topf reichlich Wasser zum Sieden bringen und die restliche Kartoffelstärke hineinrühren. Die Klöße vorsichtig hineingeben und bei schwacher Hitze im offenen Topf etwa 20 Minuten gar ziehen lassen, bis sie an die Oberfläche steigen. Gegarte Klöße aus dem Wasser heben und abtropfen lassen.

7 In der Zwischenzeit die Champignons putzen, kurz waschen oder vorsichtig abreiben und in Scheiben schneiden. Die Zwiebel schälen und fein hacken.

8 Die Butter in einem Topf erhitzen und die Zwiebel darin glasig dünsten. Dann die Champignons dazugeben und unter Rühren kurz anbraten.

9 Das Dinkelmehl auf die Pilze streuen und es unter Rühren leicht anschwitzen. Dann etwa 180 ml Wasser angießen und die Sauce einige Minuten kochen lassen. Sie mit der Brühe, dem Majoran sowie Cayennepfeffer würzen und mit Sahne verfeinern.

10 Die Pilzsahnesauce zu den Klößen servieren und mit der gewaschenen Petersilie garnieren.

Matjes in Dillstippe mit Pellkartoffeln

ca. 605 kcal/2523 kJ ▢ *(auf dem Foto: unten)*

Zubereitungszeit: ca. 30 Minuten

Zutaten für 2 Portionen

400 g kleine Kartoffeln
4 Matjesfilets
1 Bund Dill
1 Becher Joghurt (175 g)

Zubereitung

1 Die Kartoffeln gründlich waschen und in der Schale in etwas Wasser knapp 20 Minuten garen.

2 Die Matjesfilets kurz unter fließendem Wasser abspülen, trocken tupfen und in 2 bis 3 cm große Stücke schneiden.

3 Den Dill waschen, von den Stielen zupfen und fein hacken.

4 Den Joghurt mit dem Schneebesen glatt rühren und den Dill hineingeben. Die Matjesstückchen unter die Dillstippe heben und zusammen mit den Pellkartoffeln servieren.

Tipp

Essen Sie vor dieser Mahlzeit „Rote-Bete-Salat" (S. 56).

Pizza „Salerno“

ca. 690 kcal/2890 kJ

Zeit zum Gehen: ca. 45 Minuten
Zubereitungszeit: ca. 30 Minuten

Zutaten für 2 Portionen

Für den Teig

1 Würfel Hefe (42 g)
130 ml lauwarmes Wasser
200 g feines Dinkelvollkornmehl
1/2 TL Salz
Butter für die Form

Für den Belag

1 Gemüsezwiebel
1 rote Paprikaschote
10 schwarze Oliven ohne Stein
150 g Champignons
1 1/2 EL Olivenöl
1 TL Kräutersalz
1 – 2 TL gerebelter Oregano
1 TL gerebelter Majoran
1 Knoblauchzehe
80 g Roquefort oder Greyerzer

Zubereitung

1 Die Hefe in dem lauwarmen Wasser auflösen und mit der Hälfte des Mehls zu einem glatten Vorteig verrühren. Diesen zugedeckt etwa 20 Minuten an einem warmen Ort gehen lassen.

2 Anschließend das restliche Mehl und das Salz zu dem Vorteig geben und alles zu einem geschmeidigen Teig verkneten.

3 Eine runde Pizza- oder Springform (28 cm Ø) mit der Butter ausfetten. Den Teig auf einer bemehlten Arbeitsfläche ausrollen und in die Form legen. Den Teig zugedeckt etwa 20 Minuten an einem warmen Ort gehen lassen. Den Backofen auf 200 °C vorheizen.

4 Inzwischen die Zwiebel schälen und in dünne Ringe schneiden. Die Paprikaschote waschen, vierteln, entkernen und den Stielansatz herausschneiden. Das Fruchtfleisch in feine Streifen schneiden.

5 Die Oliven fein hacken, die Pilze putzen, kurz waschen oder vorsichtig abreiben und in feine Scheiben schneiden.

6 Das Öl in einer Pfanne erhitzen und das Gemüse darin andünsten. Es mit dem Salz, dem Oregano sowie dem Majoran würzen. Den Knoblauch schälen und durch die Presse dazudrücken. Alles einmal umrühren.

7 Das Gemüse auf dem Teig verteilen und mit dem in Streifen geschnittenen Käse belegen. Die Pizza im Ofen etwa 18 bis 20 Minuten backen.

Spaghetti à la Martin
ca. 510 kcal/2176 kJ

Zubereitungszeit: ca. 20 Minuten

Zutaten für 2 Portionen
Für die Spaghetti
200 g Spaghetti ohne Ei (roh gewogen)
1 TL Meersalz
2 – 3 Knoblauchzehen
1 große Zwiebel
3 EL Olivenöl
1 getrocknete rote Pfefferschote
1 TL Kräutersalz

Außerdem
4 Fleischtomaten
3 EL fein gehackte Petersilie

Zubereitung
1 Die Nudeln in reichlich leicht gesalzenem Wasser in 10 bis 12 Minuten garen.
2 In der Zwischenzeit den Knoblauch und die Zwiebel schälen und fein hacken.
3 Das Olivenöl in einer Pfanne erhitzen und darin zuerst den Knoblauch goldgelb braten. Danach die Zwiebelwürfel und die Pfefferschote hinzufügen und alles so lange braten, bis die Zwiebelwürfel kross sind. Zum Schluss die Pfefferschote entfernen.
4 Die Nudeln abgießen. Die Spaghetti mit der Sauce mischen und alles mit dem Kräutersalz abschmecken.
5 Die Tomaten waschen, halbieren und die Stielansätze herausschneiden. Das Fruchtfleisch in Scheiben schneiden und mit der Petersilie bestreuen. Die Tomatenscheiben zu den Spaghetti servieren.

Majoranspaghetti mit Zucchini

ca. 300 kcal/1243 kJ

Zubereitungszeit: ca. 30 Minuten

Zutaten für 2 Portionen

1 kleine Zwiebel
1 Knoblauchzehe
1 Zucchini (ca. 200 g)
2 EL Olivenöl
1 TL Kräutersalz
120 g Spaghetti ohne Ei
1/2 TL Meersalz
1 EL Butter
1 frisches Eigelb
2 – 3 Stängel frischer Majoran

Zubereitung

1 Die Zwiebel und den Knoblauch schälen und fein hacken.

2 Die Zucchini waschen, putzen und in dünne Scheiben schneiden.

3 In einer Pfanne 2 Esslöffel Öl erhitzen und die Zwiebel sowie den Knoblauch darin glasig dünsten. Die Zucchinischeiben dazugeben und zugedeckt 8 bis 10 Minuten bei schwacher Hitze garen. Alles mit dem Kräutersalz würzen.

4 In der Zwischenzeit reichlich leicht gesalzenes Wasser zum Kochen bringen und die Nudeln darin in 8 bis 10 Minuten bissfest garen.

5 Die Butter in einem Töpfchen zerlassen. Das Eigelb darin cremig rühren.

6 Die gegarten Nudeln abgießen, abtropfen lassen, in eine große Schüssel geben und mit dem Eigelb sowie mit den Zucchinischeiben mischen.

7 Den Majoran waschen, trocken tupfen, die Blättchen von den Stielen zupfen und fein hacken. Den Majoran unter die Spaghetti mischen.

Tipp

Essen Sie vorher einen kleinen neutralen Salat.

Nudelauflauf

ca. 1540 kcal/3230 kJ

Zubereitungszeit: ca. 50 Minuten

Zutaten für 2 Portionen

160 g Nudeln ohne Ei (roh gewogen)
1/2 TL Meersalz
1 Zwiebel
100 g Champignons
1 rote Paprikaschote
1 EL Butter
5 EL Erbsen (TK-Ware)
1 Knoblauchzehe
100 g süße Sahne
1 EL vegetarische Gemüsebrühe (Instantpulver)
1 Msp. Cayennepfeffer
100 g Wörishofener Käse (60 % Fett i. Tr.) in Scheiben oder Allgäuer Emmentaler

Zubereitung

1 In einem Topf reichlich leicht gesalzenes Wasser zum Kochen bringen und die Nudeln darin in 8 bis 10 Minuten bissfest garen und abgießen.

2 In der Zwischenzeit die Zwiebel schälen und in Ringe schneiden. Die Pilze putzen, kurz waschen oder vorsichtig abreiben und klein schneiden.

3 Die Paprikaschote waschen, halbieren, entkernen und das Kerngehäuse herausschneiden. Das Fruchtfleisch in kleine Würfel schneiden. Den Backofen auf 200 °C vorheizen.

4 Die Butter in einer Pfanne zerlassen und die Zwiebelringe sowie die Pilz- und Paprikawürfel darin anbraten. Dann die Erbsen hinzufügen.

5 Den Knoblauch schälen und durch die Presse drücken. Den Knoblauch und die Sahne zum Gemüse geben, umrühren und mit etwa 125 ml Wasser auffüllen. Alles kurz aufkochen lassen, dann vom Herd nehmen und mit der Gemüsebrühe und dem Cayennepfeffer würzen.

6 Die Nudeln in eine Auflaufform geben, die Sauce daraufgießen und alles miteinander vermengen. Den Käse in schmale Streifen schneiden und darauf verteilen. Den Auflauf im Ofen etwa 15 Minuten überbacken, bis der Käse eine leicht braune Kruste hat.

Grüne Gemüsepizza

ca. 950 kcal/3970 kJ

Zubereitungszeit: ca. 50 Minuten

Zutaten für 2 Personen
Für den Teig
200 g feines Weizen- oder Dinkelvollkornmehl
1 Päckchen Weinsteinbackpulver
150 g Quark, 20 % Fett i. Tr.
4 EL Olivenöl
½ TL Meersalz

Für den Belag
150 g Brokkoli
1 kleine Stange Lauch
1 kleine Zucchini
1 Knoblauchzehe
1 EL Olivenöl
2 TL gerebelter Oregano
½ TL Kräutersalz
80 g Käse in Scheiben, mind. 60 % Fett i. Tr.
2 EL Schmand
Basilikumblättchen

Außerdem
Butter für die Form

Zubereitung
1 Mehl und Backpulver mischen. Den Quark mit Öl und Salz verrühren. Das Mehl nach und nach unterrühren und alles gut verkneten.
2 Den Backofen auf 225 °C vorheizen. Eine runde Form mit ca. 28 cm Durchmesser einfetten. Den Teig auf einer bemehlten Arbeitsfläche ausrollen und in die Form legen. Den Boden ca. 5 Minuten auf der mittleren Schiene vorbacken.
3 Brokkoli, Lauch und Zucchini putzen und waschen. Den Brokkoli in Röschen schneiden und in etwas Wasser ca. 3 Minuten dünsten, dann abtropfen lassen.
4 Den Lauch in dünne Ringe, die Zucchini in feine Würfel schneiden. Die Zucchiniwürfel in 1 Esslöffel Öl kurz andünsten.
5 Das Gemüse würzen und den Knoblauch dazupressen. Den Käse in feine Streifen schneiden.
6 Den vorgebackenen Boden mit dem Schmand bestreichen, die Gemüsemischung darauf verteilen und mit dem Käse belegen. Die Pizza etwa 25 Minuten auf der mittleren Schiene backen. Mit Basilikum garnieren.

Kräuterpfannkuchen mit Forellencreme

ca. 440 kcal/220 kJ
Zubereitungszeit: ca. 35 Minuten

Zutaten für 2 Personen
Für die Pfannkuchen
100 g Weizenvollkornmehl
1 TL Weinsteinbackpulver
175 ml Wasser
1 Eigelb
½ TL Kräutersalz
1 EL frisch gehackte Petersilie
1 EL frische Schnittlauchröllchen
200 g grüne Bohnen
2 Möhren
2 EL Olivenöl

Für die Creme
1 geräuchertes Forellenfilet ohne Haut
1 EL Quark, 20 % Fett i. Tr.
1 EL Sahne
1 EL frisch gehackten Dill
1 TL abgeriebene Zitronenschale

Zubereitung

1 Mehl und Backpulver mischen und mit 175 ml Wasser, dem Eigelb und dem Kräutersalz glatt rühren. Petersilie und Schnittlauch einrühren.

2 Das Forellenfilet mit der Gabel fein zerdrücken, mit Quark, Sahne, Dill und Zitronenschale verrühren.

3 Die Bohnen waschen, abziehen und in 3 cm lange Stücke schneiden. Die Möhren putzen, waschen, schälen und in Scheiben schneiden. Beide Gemüse zusammen in etwas Wasser in ca. 10 Minuten bissfest garen.

4 Das Öl in einer Pfanne erhitzen. Aus dem Teig zwei Pfannkuchen backen.

5 Das abgegossene Gemüse mit Kräutersalz würzen. Die Pfannkuchen mit dem Gemüse belegen, zusammenrollen und mit der Forellencreme servieren.

Tipp

Essen Sie vorher einen neutralen Salat.

Spinat mit Spiegeleiern

ca. 440 kcal/1603 kJ

Zubereitungszeit: ca. 45 Minuten

Zutaten für 2 Portionen

Für den Spinat
750 g frischer Spinat
1 kleine Zwiebel
1 Knoblauchzehe
1 EL Sonnenblumenöl
2 TL vegetarische Gemüsebrühe (Instantpulver)
3 EL süße Sahne

Für die Spiegeleier
1 EL Sonnenblumenöl
4 frische Eier
etwas Meersalz

Zubereitung

1 Den Spinat sorgfältig putzen, verlesen und gut waschen. Die Zwiebel und den Knoblauch schälen und fein würfeln.

2 Das Öl in einem großen Topf nicht zu stark erhitzen und die Zwiebel und den Knoblauch darin glasig dünsten. Den gut abgetropften Spinat hinzufügen und unter Rühren zusammenfallen lassen.

3 Das Gemüse mit der Brühe abschmecken und mit der Sahne verfeinern. Zum Schluss nach Belieben den Spinat nur grob hacken oder mit dem Pürierstab zerkleinern.

4 Für die Spiegeleier das Öl in einer Pfanne erhitzen und die Eier einzeln vorsichtig hineinschlagen. Sie kurz braten und mit dem Salz leicht würzen.

Gefüllte Paprikaschoten

ca. 610 kcal/2550 kJ

Zubereitungszeit: ca. 45 Minuten

Zutaten für 2 Portionen

2 grüne Paprikaschoten
2 Möhren
1 Zwiebel
300 g Rinder- oder Lammhackfleisch
1 Ei
1 TL Kräutersalz
1 EL Sonnenblumenöl
$^1/_8$ l Rotwein
2 Tomaten
1 rote Paprikaschote
1 TL gerebelter Rosmarin
$1^1/_2$ TL Kräuter der Provence
2 TL vegetarische Gemüsebrühe (Instantpulver)
1 Knoblauchzehe
$3^1/_2$ EL süße Sahne
einige Basilikumblättchen

Zubereitung

1 Die grünen Paprikaschoten waschen und die Deckel abschneiden. Die Schoten dann entkernen und die Trennwände herausschneiden.

2 Die Möhren waschen, schälen und reiben. Die Zwiebel schälen und würfeln.

3 Das Hackfleisch in eine Schüssel geben und mit Ei, Kräutersalz, Möhrenraspeln sowie Zwiebelwürfeln mischen. Die Paprikaschoten damit füllen.

4 Das Öl in einem Schmortopf nicht zu stark erhitzen und die Paprikaschoten darin leicht anschmoren lassen. Den Wein dazugießen und das Ganze zugedeckt etwa 15 Minuten köcheln.

5 In der Zwischenzeit die Tomaten über Kreuz einritzen, kurz überbrühen, abschrecken und enthäuten. Sie dann halbieren, entkernen und die Stielansätze herausschneiden. Das Fruchtfleisch pürieren. Die rote Paprikaschote waschen, halbieren, entkernen und den Stielansatz herausschneiden. Das Fruchtfleisch in feine Streifen schneiden. Das Tomatenpüree und die Paprikastreifen in den Schmortopf zu den gefüllten Paprikaschoten geben und vorsichtig umrühren.

6 Nun alles mit dem Rosmarin, den Kräutern der Provence sowie der Gemüsebrühe würzen. Den Knoblauch schälen und durch die Presse ebenfalls dazudrücken.

7 Das Gemüse 20 bis 25 Minuten leicht köcheln lassen. Es zum Schluss mit Sahne verfeinern und mit Basilikumblättchen garnieren.

Frikadellen mit Butterbohnen

ca. 640 kcal/2700 kJ

Zubereitungszeit: ca. 40 Minuten

Zutaten für 2 Portionen

Für die Frikadellen

2 Möhren
1 Zwiebel
300 g Rinderhackfleisch
1 Ei
2 TL Kräutersalz
2 EL Sonnenblumenöl

Für die Butterbohnen

600 g grüne Bohnen
1 EL Butter
1 EL vegetarische Gemüsebrühe (Instantpulver)
1 TL getrocknetes Bohnenkraut
3 EL gehackte Petersilie

Zubereitung

1 Die Möhren schälen und fein reiben. Die Zwiebel schälen und in feine Würfel schneiden.

2 Das Hackfleisch in eine Schüssel geben und mit dem Ei, dem Kräutersalz, den Zwiebelwürfeln und den Möhrenraspeln gut verkneten.

3 Das Öl in einer Pfanne erhitzen. Aus dem Fleischteig 4 Frikadellen formen und sie darin auf beiden Seiten braun braten.

4 In der Zwischenzeit die Bohnen waschen, putzen und die Fäden abziehen. Die Bohnen schräg in 3 cm lange Stücke schneiden.

5 Die Butter in einem Topf zerlassen und die Bohnen hinzufügen. Etwa 150 ml Wasser angießen und das Gemüse mit der Brühe sowie mit dem Bohnenkraut würzen. Die Bohnen im geschlossenen Topf 12 bis 15 Minuten leicht köcheln lassen, bis fast alle Flüssigkeit verdampft ist.

6 Die Frikadellen zusammen mit den Bohnen anrichten und mit der Petersilie bestreuen.

Überbackene Fleischbällchen

ca. 780 kcal/3290 kJ

Zubereitungszeit: ca. 45 Minuten

Zutaten für 2 Portionen

Für die Fleischbällchen

300 g Rinderhackfleisch
1 Zwiebel, fein gehackt
2 EL gehackte Petersilie
1 Eigelb
1 TL Kräutersalz
1 Msp. Cayennepfeffer
1 TL gerebelter Oregano
2 EL Olivenöl

Für die Gemüsesauce

400 g Tomaten
250 g Zucchini
1 1/2 EL Olivenöl
1 Zwiebel, fein gehackt
2 TL vegetarische Gemüsebrühe (Instantpulver)
1 EL fein gehackte Zitronenmelisse
3 EL süße Sahne
50 g geriebener Parmesan
einige Basilikumblättchen

Zubereitung

1 Das Hackfleisch in eine Schüssel geben und mit der Zwiebel, der Petersilie und dem Eigelb gut verkneten. Die Masse mit Kräutersalz, Cayennepfeffer und Oregano würzen.

2 Das Öl in einer Pfanne erhitzen. Aus dem Hackfleisch kleine Kugeln formen und diese in dem Öl rundherum scharf anbraten. Dann die Fleischbällchen beiseitestellen.

3 Für die Sauce die Tomaten über Kreuz einritzen, kurz überbrühen, abschrecken und enthäuten. Sie dann halbieren, entkernen und die Stielansätze herausschneiden. Das Fruchtfleisch in Würfel schneiden.

4 Die Zucchini waschen, putzen und in 1 cm dicke Scheiben schneiden. Den Ofen auf 180 °C vorheizen.

5 Das Öl in einer Pfanne nicht zu stark erhitzen und die Zwiebelwürfel darin andünsten. Die Zucchinischeiben und die Tomatenwürfel hinzufügen und alles kurz schmoren lassen. Das Ganze mit Gemüsebrühe sowie der Zitronenmelisse würzen und mit der Sahne verfeinern.

6 Das Gemüse in eine Auflaufform geben und die Hackfleischbällchen daraufsetzen. Alles mit dem Parmesan bestreuen und im Ofen etwa 10 Minuten überbacken. Das Gericht mit den Basilikumblättchen bestreut servieren.

Frikadellen „Griechische Art" mit Tomatensalat

ca. 690 kcal/2910 kJ

Zubereitungszeit: ca. 25 Minuten

Zutaten für 2 Portionen

Für die Frikadellen

10 Basilikumblättchen
80 g Schafskäse
1 Zwiebel
1 große Möhre
300 g Rinder- oder Lammhackfleisch
1 Eigelb
1 1/2 TL Kräutersalz
1 1/2 TL edelsüßes Paprikapulver
2 EL Sonnenblumenöl

Für den Salat

4 Fleischtomaten
1 EL Olivenöl
1 TL Kräutersalz
1 Zwiebel
12 schwarze Oliven ohne Stein
einige Basilikumblättchen

Zubereitung

1 Die Basilikumblättchen waschen, trocken tupfen und in Streifen schneiden. Den Schafskäse mit der Gabel grob zerdrücken und mit den Basilikumstreifen mischen.

2 Die Zwiebel schälen und fein würfeln. Die Möhre schälen und fein raspeln.

3 Das Hackfleisch in eine Schüssel geben und mit den Zwiebelwürfeln, den Möhrenraspeln, dem Eigelb, Kräutersalz und Paprikapulver gut verkneten.

4 Aus dem Fleischteig 4 Frikadellen formen und jeweils 1/4 des Schafskäses in die Mitte drücken

5 Das Sonnenblumenöl in einer Pfanne erhitzen und die Frikadellen darin bei mittlerer Hitze etwa 8 Minuten von jeder Seite braten, bis sie knusprig braun sind.

6 Für den Salat die Tomaten waschen, vierteln und die Stielansätze herausschneiden.

7 Die Tomatenviertel mit dem Olivenöl beträufeln und mit dem Kräutersalz würzen. Die Zwiebel schälen, in Ringe schneiden und zusammen mit den Oliven zum Salat geben. Den Salat zum Schluss mit den gewaschenen Basilikumblättchen garnieren.

Ardenner Schmorfleisch

ca. 540 kcal/2280 kJ

Zubereitungszeit: ca. 40 Minuten

Zutaten für 2 Portionen

200 g Weißkohl
1 Stange Lauch
10 kleine Zwiebeln
150 g kleine Champignons
2 Möhren
1 Knoblauchzehe
300 g Rinder- oder Lammlende
2 EL Olivenöl
1 TL edelsüßes Paprikapulver
1 TL gerebelter Thymian
1 TL Salz
$^1/_4$ l trockener französischer Rotwein
4 EL süße Sahne

Zubereitung

1 Den Weißkohl putzen und in kleine Stücke schneiden. Den Lauch putzen, gründlich waschen und in Ringe schneiden. Die Champignons putzen und kurz waschen oder vorsichtig abreiben. Die Möhren schälen und in kleine Würfel schneiden. Den Knoblauch schälen und fein würfeln.

2 Das Fleisch waschen, trocken tupfen und in kleine Würfel schneiden.

3 Das Öl in einem Topf erhitzen und das Fleisch darin unter Rühren rundherum braun anbraten.

4 Nun das vorbereitete Gemüse, den Knoblauch und die Pilze zum Fleisch geben und etwa 30 Minuten mitschmoren lassen. Das Ganze mit Paprikapulver, Thymian und Salz abschmecken.

5 Den Eintopf mit dem Rotwein ablöschen, etwa 5 Minuten kochen lassen und zum Schluss mit der Sahne verfeinern.

Lammeintopf in Buttermilch

ca. 530 kcal/2220 kJ

Zeit zum Marinieren: ca. 24 Stunden
Zubereitungszeit: ca. $1^{1}/_{2}$ Stunden

Zutaten für 2 Portionen

300 g Lammfleisch
300 ml Buttermilch
1 große Zwiebel
500 g Möhren
1 Stange Lauch
1 EL ungehärtetes Kokosfett
400 ml vegetarische Gemüsebrühe (aus Instantpulver)
1 TL Kräutersalz
2 EL gehackte Petersilie

Zubereitung

1 Das Lammfleisch waschen, trocken tupfen und in Würfel schneiden. Dann das Fleisch in eine Schüssel geben, mit Buttermilch übergießen und 24 Stunden im Kühlschrank marinieren.

2 Am nächsten Tag die Zwiebel schälen und würfeln. Die Möhren schälen und in Würfel schneiden. Den Lauch putzen, gründlich waschen und in Ringe schneiden.

3 Das Kokosfett erhitzen und das Fleisch unter Wenden darin anbraten. Dann das Gemüse hinzufügen und mitbraten. Mit der Gemüsebrühe sowie mit der Hälfte der Buttermilchmarinade auffüllen.

4 Den Eintopf zugedeckt bei milder Hitze etwa 40 Minuten köcheln lassen. Mit Kräutersalz abschmecken und mit der Petersilie bestreut servieren.

Lammcurry

ca. 560 kcal/2270 kJ

Zubereitungszeit: ca. 1½ Stunden

Zutaten für 2 Portionen

300 g Lammfleisch
1 große Zwiebel
1 EL ungehärtetes Kokosfett
1 Msp. Cayennepfeffer
1 TL Meersalz
2 TL Currypulver
⅛ l trockener Weißwein
1 EL vegetarische Gemüsebrühe (Instantpulver)
1 gelbe Paprikaschote
100 g Champignons
¼ frische Ananas
2 EL saure Sahne

Zubereitung

1 Das Fleisch waschen, trocken tupfen und in kleine Würfel schneiden. Die Zwiebel schälen, halbieren und in dünne Ringe schneiden.

2 Das Kokosfett in einem Topf erhitzen und die Fleischwürfel darin anbraten.

3 Die Zwiebelringe zum Fleisch geben. Alles mit Cayennepfeffer, Salz sowie mit Currypulver würzen und mit dem Wein ablöschen.

4 Das Ganze mit etwa 350 ml Wasser auffüllen, mit der Gemüsebrühe würzen und bei mäßiger Hitze zugedeckt etwa 45 Minuten köcheln lassen.

5 In der Zwischenzeit die Paprikaschote waschen, halbieren, entkernen und den Stielansatz herausschneiden. Das Fruchtfleisch in kleine Würfel schneiden.

6 Die Champignons putzen, kurz waschen oder vorsichtig abreiben und in dünne Scheiben schneiden. Beides zum Fleisch geben und weitere 15 bis 20 Minuten köcheln lassen.

7 Anschließend den Topf vom Herd nehmen. Die Ananas in kleine Stücke schneiden und zum Fleisch geben. Zum Schluss die saure Sahne in das heiße, nicht mehr kochende Gericht rühren.

Tipp

Essen Sie dazu „Sommersalat mit Ananassauce" (S. 54).

Szegediner Gulasch

ca. 540 kcal/2247 kJ

Zubereitungszeit: ca. 1 Stunde

Zutaten für 2 Portionen

400 g reife Tomaten
1 rote Paprikaschote
1 Gemüsezwiebel
300 g Lammfleisch
1 EL edelsüßes Paprikapulver
1 Msp. Cayennepfeffer
1 EL Olivenöl
$^1/_8$ l Rotwein
150 ml Gemüsebrühe
(aus Instantpulver)
300 g Sauerkraut
$3^1/_2$ EL süße Sahne

Zubereitung

1 Die Tomaten über Kreuz einritzen, kurz überbrühen, abschrecken und enthäuten. Das Fruchtfleisch in kleine Würfel schneiden.

2 Die Paprikaschoten waschen und entkernen. Das Fruchtfleisch in feine Streifen schneiden. Die Zwiebel schälen und in feine Ringe schneiden.

3 Das Fleisch waschen, trocken tupfen und in kleine Würfel schneiden. Das Öl in einem Topf nicht zu stark erhitzen und das Fleisch darin unter Rühren rundherum braun anbraten.

4 Die Paprikastreifen sowie die Zwiebelringe dazugeben und ebenfalls anbraten. Das Ganze mit Paprikapulver und Cayennepfeffer würzen.

5 Nun die Tomatenwürfel hinzufügen, alles umrühren und mit dem Rotwein ablöschen. Anschließend mit der Gemüsebrühe auffüllen und das Gulasch zugedeckt etwa 30 Minuten bei schwacher Hitze schmoren.

6 Dann das Sauerkraut klein schneiden, zum Fleisch geben und alles weitere 15 Minuten köcheln lassen. Zuletzt die Sahne unter das Gulasch rühren und sofort servieren.

Rosmarinhähnchen mit Paprikagemüse

ca. 760 kcal/3190 kJ

Zubereitungszeit: ca. 45 Minuten

Zutaten für 2 Portionen

Für das Fleisch

500 g reife Tomaten
1 Knoblauchzehe
4 kleine Hähnchenschenkel
$1^1/_2$ TL Meersalz
2 TL edelsüßes Paprikapulver
1 TL Rosmarin
2 EL Olivenöl
$^1/_8$ l Rotwein
$^1/_2$ TL Kräutersalz

Für das Gemüse

3 rote Paprikaschoten
1 EL Olivenöl
1 TL vegetarische Gemüsebrühe (Instantpulver)

Zubereitung

1 Die Tomaten über Kreuz einritzen, kurz überbrühen, abschrecken und enthäuten. Sie dann halbieren, entkernen und die Stielansätze herausschneiden. Das Fruchtfleisch in Würfel schneiden. Den Knoblauch schälen und durch die Presse drücken.

2 Die Hähnchenschenkel waschen, trocken tupfen und mit dem Salz, 1 Teelöffel Paprikapulver und dem im Mörser zerriebenen Rosmarin einreiben.

3 Das Öl in einer Pfanne erhitzen und die Hähnchenschenkel darin goldbraun anbraten.

4 Die Tomatenwürfel sowie den Knoblauch hinzufügen und den Rotwein angießen. Die Hähnchenschenkel bei milder Hitze zugedeckt etwa 30 Minuten schmoren lassen.

5 In der Zwischenzeit die Paprikaschoten waschen, halbieren, entkernen und die Stielansätze herausschneiden. Das Fruchtfleisch in große Würfel schneiden.

6 Das Öl in einer Pfanne erhitzen und die Paprikawürfel darin andünsten. Das Gemüse bei kleiner Hitze etwa 5 bis 8 Minuten dünsten und mit der Brühe würzen.

7 Die Hähnchenschenkel mit Kräutersalz und Paprikapulver nachwürzen. Das Ganze zusammen mit dem Paprikagemüse servieren.

Geflügelsuppe mit Gemüseeinlage

ca. 360 kcal/1520 kJ ▢ *(auf dem Foto: Mitte)*

Zubereitungszeit: ca. 30 Minuten

Zutaten für 2 Portionen

250 g Möhren
1 kleines Stück Sellerie
1 Stange Lauch
1/2 Blumenkohl
300 g Putenfleisch
1 kleine Zwiebel
1 EL Sonnenblumenöl
1/2 l Wasser
1 EL vegetarische Gemüsebrühe (Instantpulver)
1 Lorbeerblatt
1 TL Kümmel
2 EL gehackte Petersilie

Zubereitung

1 Die Möhren und den Sellerie schälen und in kleine Würfel schneiden. Den Lauch putzen, gründlich waschen und in dünne Ringe schneiden. Den Blumenkohl putzen, in kleine Röschen teilen und diese waschen.

2 Das Fleisch waschen, trocken tupfen und in kleine Stücke schneiden.

3 Die Zwiebel schälen und fein würfeln. Das Öl in einem Topf erhitzen und die Zwiebel darin glasig dünsten. Das Fleisch hinzufügen, kurz anbraten und mit dem Wasser auffüllen. Alles kurz aufkochen und 8 bis 10 Minuten leicht köcheln lassen. Die Suppe mit der Gemüsebrühe, dem Lorbeerblatt und dem Kümmel würzen.

4 Dann das vorbereitete Gemüse hinzufügen, den Topf schließen und die Suppe noch 10 Minuten köcheln lassen. Mit der gehackten Petersilie bestreut servieren.

Champignonpfanne mit Putenfleisch

ca. 400 kcal/1680 kJ ▢ *(auf dem Foto: oben)*

Zubereitungszeit: ca. 30 Minuten

Zutaten für 2 Portionen

300 g Putenfleisch
1 große Stange Lauch
400 g kleine Champignons
1 1/2 EL Sonnenblumenöl
1/8 l trockener Weißwein
1/4 l vegetarische Gemüsebrühe (Instantpulver)
2 EL Frischkäse
1 TL Kräutersalz
2 EL gehacktes Basilikum

Zubereitung

1 Das Fleisch kurz waschen, trocken tupfen und in schmale Streifen schneiden.

2 Den Lauch putzen, gründlich waschen und in feine Ringe schneiden. Die Champignons putzen und kurz waschen oder vorsichtig abreiben.

3 Das Öl in einer Pfanne erhitzen und das Fleisch unter Rühren von allen Seiten kräftig anbraten.

4 Den Lauch und die Pilze hinzufügen, beides kurz mitbraten und mit dem Wein ablöschen. Danach die Gemüsebrühe angießen und alles einmal aufkochen lassen. Das Ganze bei geringer Hitze zugedeckt etwa 15 Minuten köcheln lassen.

5 Zum Schluss den Frischkäse in die Sauce rühren und mit dem Kräutersalz leicht nachwürzen. Das Gericht mit den Basilikumblättchen bestreuen.

Möhrentopf mit Hühnerfleisch

ca. 475 kcal/1994 kJ ▢ *(auf dem Foto: unten)*

Zubereitungszeit: ca. 40 Minuten

Zutaten für 2 Portionen

700 g Möhren
1 Zwiebel
150 g Champignons
300 g Hühnerfleisch
2 EL Butter
$^1/_4$ l vegetarische Gemüsebrühe
3 EL gehackte Petersilie

Zubereitung

1 Die Möhren und die Zwiebel schälen und in dünne Ringe schneiden. Die Pilze putzen, kurz waschen und vierteln.

2 Das Hühnerfleisch in Würfel schneiden. Die Butter in einem Schmortopf erhitzen und das Fleisch darin bei mäßiger Hitze anbraten.

3 Dann die Möhren, die Zwiebel und die Pilze hinzufügen. Die Gemüsebrühe angießen, den Topf schließen und die Suppe 18 bis 20 Minuten bei schwacher Hitze kochen lassen. Den Möhrentopf nach der Garzeit mit der gehackten Petersilie bestreuen und servieren.

Bunter Fischsalat

ca. 300 kcal/1247 kJ

Zubereitungszeit: ca. 35 Minuten

Zutaten für 2 Portionen

Für den Salat

400 g Schollenfilet
2 EL Zitronensaft
1 TL Meersalz
250 g grüne Bohnen
1 Stängel Bohnenkraut
1/2 kleiner Eisbergsalat
250 g frische Champignons
1/2 EL Butter
1 TL vegetarische Gemüsebrühe (Instantpulver)
3 Tomaten

Für die Sauce

1 Becher Joghurt (175 g)
2 EL Balsamicoessig
1 TL Kräutersalz
12 schwarze Oliven

Zubereitung

1 Die Fischfilets waschen und trocken tupfen. Sie mit dem Zitronensaft beträufeln und leicht salzen. Die Filets in etwas Wasser 5 bis 7 Minuten dünsten. Sie danach aus dem Wasser nehmen, abkühlen lassen und in kleine Stücke zerteilen.

2 In der Zwischenzeit die Bohnen waschen und putzen. Die Bohnen schräg in 3 cm lange Stücke schneiden. Das Bohnenkraut waschen, trocken tupfen und die Blättchen von den Stielen streifen. Die Bohnen zusammen mit dem Bohnenkraut in etwas leicht gesalzenem Wasser etwa 18 Minuten kochen. Sie anschließend abgießen und abtropfen lassen.

3 Den Eisbergsalat putzen, waschen und zerkleinern. Die Pilze putzen, kurz waschen oder vorsichtig abreiben und in feine Streifen schneiden.

4 Die Butter in einer Pfanne schmelzen lassen und die Pilze darin bei mittlerer Hitze rundherum braun braten. Sie dann mit der Gemüsebrühe würzen.

5 Die Tomaten über Kreuz einritzen, kurz mit kochendem Wasser überbrühen, abschrecken und enthäuten. Sie dann halbieren, entkernen und die Stielansätze herausschneiden. Anschließend das Fruchtfleisch mit einem scharfen Messer in nicht zu kleine Würfel schneiden.

6 Die abgetropften Bohnen mit dem Eisbergsalat, den Pilzen und den Tomaten in einer Schüssel mischen.

7 Für die Sauce den Joghurt mit dem Essig cremig rühren und mit dem Kräutersalz abschmecken. Die Fischstückchen auf dem Salat verteilen, alles mit der Sauce übergießen und mit den Oliven garnieren.

Spargel mit Lachsschnitte in Weinsauce

ca. 490 kcal/2070 kJ

Zubereitungszeit: ca. 45 Minuten

Zutaten für 2 Portionen

1 kg frischer weißer Spargel
1 TL Meersalz
1 TL Sonnenblumenöl
1 TL Frutilose
1 große Möhre
1 Zwiebel
300 ml trockener Weißwein
1 Lorbeerblatt
3 Nelken
2 TL Meersalz
2 Scheiben Lachs à 200 g
1 Eigelb
4 EL saure Sahne
4 Zitronenscheiben
4 kleine Dillzweige

Zubereitung

1 Den Spargel schälen und die holzigen Endstücke abschneiden. In einem Topf etwa 1,5 Liter Wasser zusammen mit dem Salz, dem Öl und der Frutilose aufkochen lassen. Den Spargel darin etwa 20 Minuten bissfest kochen.

2 In der Zwischenzeit die Möhre schälen und in große Würfel schneiden. Die Zwiebel schälen, halbieren und in Scheiben schneiden.

3 Nun etwa 150 ml Wasser und den Wein in einen Topf geben. Die Möhrenwürfel, die Zwiebelscheiben, das Lorbeerblatt, die Nelken und das Salz hinzufügen und alles im geschlossenen Topf etwa 10 Minuten kochen lassen.

4 Den Lachs kurz mit kaltem Wasser abspülen. Ihn dann in dem Sud etwa 10 Minuten bei leichter Hitze gar ziehen lassen.

5 Dann von dem Fischsud 180 ml durch ein Sieb in einen kleinen Topf gießen und erhitzen. Das Eigelb mit einer Gabel aufschlagen. Etwa 5 Esslöffel der heißen Brühe löffelweise unter das Eigelb rühren. Anschließend das Eigelb unter Rühren in die Fischbrühe geben. Topf vom Herd nehmen und die Sauce mit der Sahne binden.

6 Den Lachs aus dem Sud nehmen, zusammen mit dem Spargel auf Tellern anrichten und mit der Sauce übergießen. Mit den Zitronenscheiben und dem gewaschenen Dill garnieren.

Gegrillter Heilbutt mit Pilzsauce

ca. 300 kcal/1287 kJ

Zubereitungszeit: ca. 30 Minuten

Zutaten für 2 Portionen

Für den Fisch

2 Scheiben Heilbutt à 200 g
4 EL Zitronensaft
2 EL Sonnenblumenöl
1 TL gemahlener Koriander
1 TL Kräutersalz
1 Msp. Cayennepfeffer
1 TL Kümmelpulver
Öl zum Bestreichen

Für die Sauce

1 Zwiebel
1 Knoblauchzehe
150 g Champignons
1 EL Butter
2 EL süße Sahne
1 TL Kräutersalz

Außerdem

1/2 Bund Petersilie
4 dünne Zitronenscheiben

Zubereitung

1 Den Fisch waschen und trocken tupfen. Aus dem Zitronensaft, dem Öl und den Gewürzen eine Marinade rühren und die Heilbuttscheiben darin einige Minuten ziehen lassen.

2 Dann ein großes Stück Alufolie mit Öl bestreichen und den Fisch darauflegen. Den Heilbutt auf jeder Seite 6 bis 8 Minuten grillen.

3 In der Zwischenzeit für die Sauce die Zwiebel und den Knoblauch schälen und fein hacken. Die Pilze putzen und in feine Scheiben schneiden.

4 Die Butter in einer Pfanne schmelzen lassen und die Zwiebel- sowie die Knoblauchwürfel darin andünsten. Dann die Pilze hinzufügen und alles unter Rühren etwa 5 Minuten braten. Nun die Sahne angießen und mit dem Kräutersalz abschmecken.

5 Den Fisch mit der Pilzsauce, den Zitronenscheiben und der gehackten Petersilie servieren.

Schollenfilet mit bunter Salatschüssel

ca. 490 kcal/2060 kJ

Zubereitungszeit: ca. 30 Minuten

Zutaten für 2 Portionen

Für das Schollenfilet

400 g küchenfertige Schollenfilets
1 TL Kräutersalz
3 EL fein gemahlene Mandeln
2 EL Butter

Für den Salat

1 Eisbergsalat
1 gelbe Paprikaschote
16 – 20 Kirschtomaten

Für die Sauce

1 kleine Zwiebel
2 EL Sonnenblumenöl
2 EL Balsamicoessig
1 TL Kräutersalz
80 g saure Sahne
3 EL Schnittlauchröllchen

Zubereitung

1 Die Schollenfilets waschen, trocken tupfen und leicht salzen. Sie dann in den Mandeln wenden.

2 Die Butter bei geringer Hitze in einer Pfanne schmelzen lassen und die Schollenfilets darin auf jeder Seite 5 bis 7 Minuten braten.

3 In der Zwischenzeit den Eisbergsalat putzen, waschen und in mundgerechte Stücke zupfen. Die Paprikaschote waschen, entkernen und den Stielansatz herausschneiden. Das Fruchtfleisch in feine Streifen schneiden. Die Kirschtomaten waschen und halbieren. Die vorbereiteten Salatzutaten in eine Schüssel geben und vorsichtig miteinander vermengen.

4 Für die Sauce die Zwiebel schälen und fein hacken.

5 Das Öl mit dem Essig, dem Kräutersalz und etwa 100 ml Wasser verrühren. Die Zwiebelwürfel hinzufügen und die Sahne mit einem Schneebesen darunterschlagen. Die Sauce über den Salat gießen und ihn mit den Schnittlauchröllchen bestreuen.

6 Die Schollenfilets auf 2 Tellern anrichten und zusammen mit dem Salat servieren.

Laucheintopf mit Hackfleisch und Tomaten

ca. 585 kcal/2450 kJ

Zubereitungszeit: ca. 35 Minuten

Zutaten für 2 Personen

2 Stangen Lauch (ca. 500 g)
1 $^1/_2$ EL Butter
350 g Rinderhackfleisch
500 g Tomaten oder Tomatenpüree aus der Packung
1 – 2 TL vegetarische Gemüsebrühe (Instantpulver)
1 TL Rosmarin, im Mörser zerrieben
1 TL gerebelter Oregano
2 EL Sahne

Zubereitung

1 Den Lauch putzen, der Länge nach halbieren, gründlich waschen, in dünne Scheiben schneiden.
2 Die Butter in einem Topf zerlassen und das Hackfleisch darin anbraten. Den Lauch danach hinzufügen und bei geringer Hitze kurz schmoren lassen. Ab und zu umrühren.
3 Die Tomaten waschen, eventuell enthäuten und die Stielansätze herausschneiden. Die Tomaten klein schneiden, pürieren und zum Hackfleisch geben.
4 $^1/_8$ l Wasser angießen und den Eintopf mit der Brühe und den Gewürzen abschmecken, mit der Sahne verfeinern.
5 Zugedeckt bei milder Hitze 15 bis 18 Minuten köcheln lassen.

Italienische Hackfleischpfanne

ca. 560 kcal/2340 kJ

Zubereitungszeit: ca. 45 Minuten

Zutaten für 2 Personen

1 Aubergine
Meersalz
2 Zucchini
5 Tomaten
1 Zwiebel
1 – 2 Knoblauchzehen
1 ½ EL Olivenöl
350 g Rinderhackfleisch
1 TL gerebelter Rosmarin
1 TL gerebelter Oregano
2 TL vegetarische Gemüsebrühe (Instantpulver)
4 EL Sahne

Zubereitung

1 Aubergine und Zucchini putzen und waschen. Die Aubergine in kleine Würfel schneiden, die Zucchini in Scheiben schneiden.
2 Die Tomatenhaut über Kreuz einritzen, mit kochendem Wasser übergießen, mit kaltem Wasser abschrecken und die Haut abziehen. Das Fruchtfleisch würfeln.
3 Zwiebel und Knoblauch schälen und fein hacken.
4 Das Öl in einer Pfanne erhitzen und das Hackfleisch mit der Zwiebel und dem Knoblauch darin kräftig anbraten.
5 Aubergine und Zucchini hinzufügen, etwas mitdünsten. Dann die Tomaten ebenfalls in die Pfanne geben. 180 ml Wasser angießen und alles zugedeckt bei schwacher Hitze 15 Minuten köcheln lassen.
6 Die Hackfleischpfanne mit der Brühe und den Gewürzen abschmecken und mit der Sahne verfeinern.

Putenschnitzel mit Oliven

ca. 440 kcal/1840 kJ

Zubereitungszeit: ca. 30 Minuten

Zutaten für 2 Personen

Für die Schnitzel

10 schwarze Oliven ohne Stein
1 TL gehackter Rosmarin
2 dünne Putenschnitzel (ca. 300 g)
1 EL Olivenöl
1 EL süße Sahne
2 EL Wasser

Für den Salat

300 g Champignons
1/2 Kästchen Kresse
2 EL Zitronensaft
1 EL Wasser
Kräutersalz
2 EL Distelöl

Zubereitung

1 Die Schnitzel waschen und trocken tupfen. Die Oliven fein hacken und den Rosmarin untermischen. Die Olivenmischung auf die Schnitzel geben und diese zusammenklappen und mit Holzspießchen feststecken.

2 Das Öl in der Pfanne erhitzen und die Schnitzel von beiden Seiten braun anbraten, dann bei kleiner Hitze 15 Minuten weitergaren.

3 Die Pilze putzen und in sehr dünne Scheibchen schneiden. Die Kresse waschen, abschneiden, auf Küchenpapier etwas trocknen. Den Zitronensaft mit 1 EL Wasser verrühren und das Öl darunterschlagen. Die Champignons mit der Sauce und der Kresse mischen.

4 Die Schnitzel aus der Pfanne nehmen. Die Sahne und 2 Esslöffel Wasser in den Bratfond einrühren. Die Sauce aufkochen lassen und mit dem Schnitzel und dem Salat servieren.

Fischgratin

ca. 530 kcal/2220 kJ

Zubereitungszeit: ca. 1 Stunde 15 Minuten

Zutaten für 2 Personen

600 g Blattspinat
1 Zwiebel
1 EL Sonnenblumenöl
1 EL vegetarische Gemüsebrühe (Instantpulver)
4 EL Sahne
1 – 2 Knoblauchzehen
400 g Lachsforellenfilets
2 – 3 EL Zitronensaft
1 TL Meersalz
100 g Butterkäse

Zubereitung

1 Den Spinat waschen, kurz in kochendem Wasser blanchieren, abtropfen lassen und klein schneiden. Das Blanchierwasser aufbewahren.

2 Die Zwiebel schälen und fein würfeln. Das Öl in einer Pfanne nicht zu stark erhitzen und die Zwiebel darin glasig dünsten. Den Spinat hinzufügen, mit der Brühe würzen und die Sahne und 80 ml des Blanchierwassers zugeben. Den Knoblauch hineinpressen.

3 Den Backofen auf 200 °C vorheizen. Die Fischfilets mit Zitronensaft beträufeln und leicht salzen.

4 Die Hälfte des Spinats in eine Auflaufform geben, die Filets darauflegen und mit dem restlichen Spinat bedecken.

5 Den Käse in dünne Scheiben schneiden und auf den Spinat legen und das Gericht 20 bis 25 Minuten backen.

Desserts und Gebäck

Vanillecreme mit Himbeeren

ca. 260 kcal/1080 kJ ▢ *(auf dem Foto: unten)*

Zubereitungszeit: ca. 15 Minuten
Kühlzeit: 2 bis 3 Stunden

Zutaten für 2 Portionen

2 Blatt weiße Gelatine
100 g süße Sahne
150 ml Wasser
1 TL gemahlene Vanille
1 EL abgeriebene Schale einer unbehandelten Zitrone
50 ml Ahornsirup
200 g Himbeeren
6 Minzeblättchen

Zubereitung

1 Die Gelatine für etwa 5 Minuten in kaltem Wasser einweichen.

2 Die Sahne mit dem Wasser in einen Topf geben und zusammen mit der Vanille, der Zitronenschale und dem Ahornsirup etwa 1 bis 2 Minuten bei schwacher Hitze kochen. Das Gemisch danach vom Herd nehmen.

3 Die Gelatine ausdrücken und in der noch heißen Flüssigkeit auflösen. Dann die Vanillecreme abkühlen lassen, dabei gelegentlich umrühren.

4 In der Zwischenzeit die Himbeeren verlesen, waschen und einige Früchte für die Garnitur beiseitelegen. Den Rest der Früchte mit einer Gabel grob zerdrücken. Das Fruchtmus unter die Vanillecreme rühren.

5 Das Ganze in 2 Dessertschalen füllen und im Kühlschrank 2 bis 3 Stunden erstarren lassen. Mit den restlichen Himbeeren und den Minzeblättchen garnieren.

Mangogelato

ca. 280 kcal/1164 kJ ▢ *(auf dem Foto: oben)*

Zubereitungszeit: ca. 20 Minuten
Kühlzeit: ca. 3 Stunden

Zutaten für 2 Portionen

1 reife Mango
80 ml Sahne
80 ml Wasser
1 großes Eigelb
2 TL Stevia (Groovia) oder 2 EL flüssigen Honig
einige Minzeblättchen

Zubereitung

1 Die Mango schälen und das Fruchtfleisch vom Stein abschneiden. Eine Scheibe davon in kleine Würfel schneiden, den Rest mit dem Schneidstab sehr fein pürieren.

2 Die Sahne zusammen mit 80 ml Wasser aufkochen. Das Eigelb cremig aufschlagen und esslöffelweise das kochende Sahne-Wasser-Gemisch unter das Eigelb rühren.

3 Das Mangopüree zusammen mit den Mangostückchen unter die Eiercreme rühren und alles mit Stevia süßen. Das Dessert etwa 3 Stunden gefrieren lassen und zwischendurch immer wieder umrühren. Anschließend in Dessertgläser geben und mit den Minzeblättchen garnieren.

Tipp

Nach Belieben können Sie noch 125 g Quark oder Joghurt unter die Eiercreme rühren.

Erdbeer-Halbgefrorenes

ca. 270 kcal/1150 kJ ▢ *(auf dem Foto: Mitte)*

Zubereitungszeit: ca. 40 Minuten

Zutaten für 2 Portionen

2 EL Frutilose
400 g TK-Erdbeeren
100 g süße Sahne
4 Minzeblättchen

Zubereitung

1 Etwa 100 ml Wasser mit der Frutilose zum Kochen bringen und auf die gefrorenen Früchte gießen.

2 Die Erdbeeren einige Zeit antauen lassen. Einige Beeren für die Garnitur beiseitestellen. Die restlichen Früchte im Mixer pürieren. Die Früchte dürfen nicht zu hart und nicht zu weich sein.

3 Die Sahne steif schlagen und unter das Erdbeermus heben. Das Halbgefrorene in 2 Dessertschalen füllen und mit Früchten und Minzeblättchen garnieren.

Kastenkuchen mit Apfelstücken

pro Stück ca. 260 kcal/1090 kJ

Zubereitungszeit: ca. 1 3/4 Stunden

Zutaten für 1 Kuchen (15 Stücke)

125 g zerlassene Butter
100 g flüssiger Honig
2 Eigelbe
4 EL Sahne
1 EL abgeriebene Schale einer unbehandelten Zitrone
125 g grob gehackte Mandeln
1/2 TL Meersalz
1 TL gemahlene Vanille
1 1/2 TL Zimtpulver
3 TL Weinsteinbackpulver
350 g feines Weizen- oder Dinkelvollkornmehl
3–4 mürbe Äpfel (300 g küchenfertig)
1 TL Butter für die Form

Zubereitung

1 Die flüssige Butter zusammen mit Honig, Eigelben, Sahne und 80 ml Wasser zu einer glatten Creme verrühren. Zitronenschale, Mandeln, Salz, Vanille und Zimt hinzufügen und alles gut verrühren.

2 Das Backpulver mit dem Vollkornmehl mischen und nach und nach unter den Teig rühren. Ihn dann etwa 15 Minuten ruhen lassen. Den Backofen auf 160 °C vorheizen.

3 In der Zwischenzeit die Äpfel schälen, die Kerngehäuse entfernen und das Fruchtfleisch in schmale Spalten oder Stücke schneiden. Diese dann sofort unter den Teig rühren.

4 Eine Kastenform (30 cm Länge) einfetten, den Teig hineinfüllen und glatt streichen. Im Backofen auf der unteren Schiene 45 bis 50 Minuten backen. Gleich zu Beginn der Backzeit ein mit Wasser gefülltes feuerfestes Gefäß mit in den Ofen stellen.

5 Nach Ende der Backzeit den Kuchen noch kurze Zeit in der Form lassen. Ihn dann vorsichtig am Rand von der Form lösen, auf ein Kuchengitter stürzen und darauf auskühlen lassen.

Tipp

Verpacken Sie den ausgekühlten Kuchen in Alufolie. So wird er nicht trocken, sondern bleibt lange saftig.

Flacher Mandel-Quark-Kuchen

ca. 210 kcal/918 kJ

Zubereitungszeit: ca. 45 Minuten

Zutaten für 12 Stücke

Für den Teig:

100 g fein gemahlene Mandeln
100 g feines Dinkelvollkornmehl
100 g weiche Butter
1 Eigelb
Butter für die Form

Für den Belag

80 ml süße Sahne
220 ml Wasser
1 P. Vanillepuddingpulver
3 EL Honig
250 g Quark (20 % Fett i. Tr.)
1 EL abgeriebene Schale einer unbehandelten Zitrone

Außerdem

3 EL Mandelblättchen

Zubereitung

1 Die gemahlenen Mandeln mit dem Mehl mischen und zusammen mit der Butter und dem Eigelb zu einem geschmeidigen Teig verkneten. Eine Springform (26 cm Ø) mit der Butter einfetten. Den Teig in die Springform legen und ihn im Kühlschrank etwa 30 Minuten ruhen lassen.

2 In der Zwischenzeit die Sahne mit 220 ml Wasser mischen. 100 ml davon abnehmen und mit dem Puddingpulver und dem Honig glatt rühren.

3 Das restliche Sahne-Wasser-Gemisch in einem Topf bis kurz vor den Siedepunkt erhitzen. Dann das angerührte Puddingpulver mit dem Schneebesen klümpchenfrei hineinrühren. Alles unter Rühren kurz aufkochen lassen, bis der Pudding dick wird. Den Backofen auf 160 °C vorheizen.

4 Den Quark und die Zitronenschale unter den Pudding rühren und alles noch einmal kurz aufkochen lassen. Danach vom Herd nehmen und etwas abkühlen lassen.

5 Die Masse auf dem Teig verteilen und glatt streichen. Die Mandelblättchen auf den Kuchen streuen und ihn im Ofen etwa 30 Minuten auf der mittleren Schiene backen. Den Kuchen anschließend in der Form auskühlen lassen.

Himbeersorbet

ca. 150 kcal/620 kJ

Zubereitungszeit: ca. 20 Minuten
Gefrierzeit: 2 – 3 Stunden

Zutaten für 2 Personen
200 g frische oder TK-Himbeeren
175 g Joghurt
3 EL Frutilose
1 EL Zitronensaft
einige Himbeeren zum Garnieren

Zubereitung
1 Die Himbeeren mit dem Pürierstab pürieren (gefrorene Beeren erst antauen lassen). Das Püree nach Belieben durch ein Sieb streichen, um die Kernchen zu entfernen.
2 Den Joghurt mit der Frutilose und dem Zitronensaft verrühren und mit dem Himbeerpüree mischen.
3 Die Masse in eine gut verschließbare Schüssel füllen und sie für 2 bis 3 Stunden ins Gefrierfach stellen. Das Sorbet in der Zeit immer wieder umrühren. In Dessertgläsern mit Himbeeren garniert servieren.

Beerengrütze

ca. 225 kcal/935 kJ

Zubereitungszeit: ca. 20 Minuten

Zutaten für 1 Person
200 g frische oder TK-Beeren
2 EL Frutilose
1 EL Zitronensaft
5 – 6 EL pflanzliches Bindemittel (aus dem Reformhaus)
2 EL geschlagene Sahne

Zubereitung
1 Tiefkühlbeeren auftauen lassen. Die Früchte mit 150 ml Wasser mischen, in ein Sieb geben und das gefärbte Wasser auffangen. Das Wasser mit der Frutilose süßen und den Zitronensaft dazugeben. Alles aufkochen lassen.
2 Die Früchte hinzufügen, das Bindemittel hineinrühren und alles kurz aufwallen lassen, sodass es bindet. Die Grütze abkühlen lassen und mit Sahnetupfen garnieren.

Danziger Kirschsuppe

ca. 205 kcal/860 kJ

Zubereitungszeit: ca. 25 Minuten

Zutaten für 2 Personen
500 g frische Sauerkirschen
1 Stange Zimt
3 Gewürznelken
evtl. pflanzliches Bindemittel (aus dem Reformhaus)
4 EL Frutilose

Zubereitung
1 Die Sauerkirschen entsteinen und in einen Topf geben. 1/4 l Wasser, die Zimtstange und die Nelken hinzufügen.
2 Alles aufkochen und im offenen Topf 3 bis 4 Minuten kochen lassen. Die Suppe nach Belieben binden. Dafür den Topf vom Herd nehmen, 3 bis 4 Esslöffel Bindemittel in die Suppe rühren und alles nochmals aufkochen lassen.
3 Die Kirschsuppe mit Frutilose süßen, sie abkühlen lassen und kalt servieren.

Vitamin-C-Cocktail

ca. 250 kcal/1050 kJ

Zubereitungszeit: ca. 20 Minuten

Zutaten für 2 Personen

2 Blutorangen
2 Kiwis
125 g Quark, 20 % Fett i. Tr.
2 EL Frutilose
2 EL gehackte Mandeln

Zubereitung

1 Die Schale der Orangen abschälen, auch die weiße Haut entfernen. Die Orangenfilets durch Schnitte an den Zwischenhäuten herauslösen, den Saft dabei auffangen und das Fruchtfleisch klein schneiden.
2 Den Saft aus den verbleibenden Fruchtresten mit der Hand auspressen und auffangen.
3 Kiwis schälen, in Scheiben schneiden und mit den Orangenstückchen mischen.
4 Den Orangensaft mit dem Quark verrühren und die Creme mit der Frutilose süßen.
5 Geben Sie die Quarkcreme erst direkt vor dem Servieren als dicken Klecks auf das Obst (Enzyme in der Kiwi führen sonst zum Bitterwerden des Quarks). Mit den Mandeln bestreuen.

Ananasdessert

ca. 215 kcal/910 kJ

Zubereitungszeit: ca. 10 Minuten

Zutaten für 1 Person

2 EL Kokosraspel
2 Scheiben frische Ananas ohne Schale
2 EL geschlagene Sahne

Zubereitung

1 Die Kokosraspel in einer beschichteten Pfanne ohne Fettzugabe leicht rösten.
2 Die Ananasscheiben in den Kokosraspeln wenden und auf einen Teller legen. Die Sahne dazugeben.

Melonencocktail

ca. 105 kcal/435 kJ

Zubereitungszeit: ca. 25 Minuten
Marinierzeit: ca. 2 Stunden

Zutaten für 4 Personen

2 EL ungeschwefelte Rosinen
1 EL Doppelkorn
1 Netzmelone
1 große Orange
250 g Früchte der Saison (Erdbeeren, Himbeeren, Nektarinen)
Saft von 1/2 Zitrone
1 EL Frutilose
1 Zweig Minze

Zubereitung

1 Die Rosinen mit dem Korn beträufeln und etwa 2 Stunden durchziehen lassen.
2 Die Melone halbieren und die Kerne entfernen. Mit einem Kugelausstecher aus dem Fruchtfleisch kleine Kugeln herauslösen.
3 Die Orange filetieren. Den Saft dabei auffangen.
4 Die Orangenfilets mit den Melonenkugeln mischen. Die anderen Früchte dazugeben.
5 Den Zitronensaft mit dem Orangensaft mischen und eventuell mit Frutilose süßen. Die eingelegten Rosinen hinzufügen und den Obstsaft mit den Früchten mischen.
6 Den Obstcocktail in die Melonenhälften füllen, vor dem Servieren einige Zeit kalt stellen und mit den Minzeblättchen servieren.

Fruchtige Buttermilchspeise

ca. 235 kcal/985 kJ

Zubereitungszeit: ca. 25 Minuten

Zutaten für 2 Personen

4 Blatt weiße Gelatine
300 g geputzte Erdbeeren
300 g Buttermilch
5 EL Frutilose
6 Erdbeeren zum Garnieren

Zubereitung

1 Die Gelatine für etwa 10 Minuten in kaltem Wasser quellen lassen.

2 Inzwischen die Erdbeeren mit dem Pürierstab pürieren. Das Püree mit Buttermilch und Frutilose verrühren.

3 Die Gelatine ausdrücken und in einem Topf bei geringer Wärmezufuhr auflösen. Sie dann in einem dünnen Strahl in die Buttermilchmischung gießen und gut darunterrühren. Das Dessert in Gläser füllen und im Kühlschrank erstarren lassen. Mit frischen Erdbeeren garniert servieren.

Ananasjoghurt

ca. 205 kcal/860 kJ

Zubereitungszeit: ca. 20 Minuten

Zutaten für 1 Person

1/4 frische Ananas
150 g Joghurt, 3,5 % Fett
1 EL Frutilose
3 Blättchen Zitronenmelisse

Zubereitung

1 Die Ananas schälen, mit einem spitzen Messer die Augen entfernen und das Fruchtfleisch in kleine Stücke schneiden. Den Saft dabei auffangen.
2 Den Joghurt mit einem Schneebesen cremig rühren, mit der Frutilose süßen. Ananasstückchen und -saft hinzufügen. Die Creme mit den Melisseblättchen garnieren und sofort servieren.

Erdbeerquark

ca. 250 kcal/1045 kJ

Zubereitungszeit: ca. 15 Minuten

Zutaten für 2 Personen

250 g geputze Erdbeeren
3 EL Frutilose
250 g Quark, 20 % Fett i. Tr.
2 TL Sesam

Zubereitung

1 Einige schöne Erdbeeren für die Garnitur beiseitelegen. Die restlichen Erdbeeren mit einer Gabel zu feinem Mus zerdrücken.
2 Das Fruchtmus mit der Frutilose süßen und mit dem Quark mischen.
3 Den Quark in zwei Schälchen füllen, mit dem Sesam bestreuen und mit den verbliebenen Erdbeeren garnieren.

Grapefruit mit Frischkäse

ca. 150 kcal/640 kJ

Zubereitungszeit: ca. 10 Minuten

Zutaten für 2 Personen

1 Pink Grapefruit
1 EL Frutilose
150 g körniger Frischkäse
4 Minzeblättchen

Zubereitung

1 Die Grapefruit halbieren. Mit einem scharfen Messer an den Zwischenhäuten einschneiden, den Saft dabei auffangen, und das Fruchtfleisch herauslösen. Größere Stücke klein schneiden.
2 Den Fruchtrest mit der Hand auspressen, den Saft auffangen. Den Saft mit der Frutilose mischen.
3 Den Frischkäse mit dem Saft verrühren und die Grapefruitstücke darunterziehen.
4 Die Fruchtreste aus den Grapefruithälften herauslösen. Den Frischkäse in die Frucht einfüllen und mit Minze dekorieren.

Erdbeerkefir

ca. 225 kcal/950 kJ

Zubereitungszeit: ca. 10 Minuten

Zutaten für 1 Person

100 g geputze Erdbeeren
1 EL Frutilose
250 g Kefir

Zubereitung

1 Die Erdbeeren pürieren und mit der Frutilose süßen.
2 Den Kefir nach und nach hinzufügen und daruntermixen.

Vierkornkekse

ca. 85 kcal/350 kJ pro Stück

Zubereitungszeit: ca. 45 Minuten
Backzeit: ca. 10 Minuten

Zutaten für 40 Stück
Für den Teig
100 g feines Dinkelvollkornmehl
100 g feines Weizenvollkornmehl
100 g feines Hafervollkornmehl
75 g feines Hirsemehl
200 g kalte Butter
1 Prise Meersalz
abgeriebene Schale von 1/2 unbehandelten Zitrone
1 Eigelb
150 g Honig

Außerdem
Fett für das Blech
20 Mandeln

Zubereitung
1 Die Mehlsorten mischen und auf eine Arbeitsfläche geben. In die Mitte des Mehls eine Vertiefung drücken und die in Stücke geschnittene Butter hineingeben.
2 Das Salz, die Zitronenschale, das Eigelb und den Honig hinzufügen und alles zu einem weichen, geschmeidigen Mürbeteig verkneten.
3 Den Backofen auf 160 °C vorheizen. Die Mandeln halbieren. Den Teig zwischen zwei Lagen Klarsichtfolie etwa 1/2 cm dick ausrollen und die Teigplatte anschließend mit einem scharfen Messer in 40 kleine Quadrate schneiden.
4 Die Kekse auf ein gefettetes Backblech legen und je mit einer halben Mandel belegen. Die Kekse 8 bis 10 Minuten backen.

Sesamstangen

ca. 45 kcal/190 kJ pro Stück

Zubereitungszeit: ca. 45 Minuten
Kühlzeit: ca. 1 Stunde
Backzeit: ca. 18 Minuten

Zutaten für 30 Stück
240 g feines Dinkelvollkornmehl
1 Päckchen Weinsteinbackpulver
1 TL Kräutersalz
3 EL Sonnenblumenöl
200 g Buttermilch

Außerdem
4 EL Sesam
Fett für das Blech

Zubereitung
1 Das Dinkelmehl mit dem Backpulver und dem Kräutersalz in einer Schüssel mischen.
2 Das Öl und die Buttermilch zufügen. Alles zu einem glatten, geschmeidigen Teig verkneten.
3 Den Teig in 30 gleich große Stücke teilen und sie auf einer bemehlten Arbeitsfläche zu etwa 10 cm langen Stangen rollen. Diese in Sesam wenden und die Körner leicht andrücken.
4 Die Stangen abgedeckt im Kühlschrank etwa 1 Stunde ruhen lassen. Den Backofen auf 180 °C vorheizen. Die Stangen auf ein gefettetes Backblech legen und 18 Minuten backen.

Pikantes Käsegebäck

ca. 40 kcal/165 kJ pro Stück

Zubereitungszeit: ca. 45 Minuten
Kühlzeit: ca. 1 Stunde
Backzeit: ca. 18 Minuten

Zutaten für 35 Stück

120 g feines Dinkelvollkornmehl
70 g frisch geriebener Käse (Emmentaler oder Greyerzer)
50 g Butter
50 g süße Sahne

Außerdem

1 Eigelb
Kümmel, Sesam, Mohn (nach Belieben)

Zubereitung

1 Das Dinkelmehl mit dem Käse, der Butter und der Sahne zu einem geschmeidigen Teig verkneten.

2 Den Teig auf einer bemehlten Arbeitsfläche zu einer Rolle von 3 cm Durchmesser formen und sie abgedeckt im Kühlscchrankl etwa 1 Stunde ruhen lassen.

3 Die Rolle dann in 35 gleich dicke Scheiben schneiden und diese auf ein gefettetes Backblech legen. Den Backofen auf 180 °C vorheizen.

4 Das Eigelb mit 1 Esslöffel Wasser verquirlen und die Taler damit bestreichen. Mit Mohn, Sesam, Kümmel bestreuen und 18 Minuten backen.

Hofheimer Honigriegel

ca. 95 kcal/395 kJ pro Stück pro Riegel

Zubereitungszeit: ca. 1 Stunde
Backzeit: ca. 20 Minuten

Zutaten für 80 Riegel
250 g Butter
500 g flüssiger Honig
6 EL süße Sahne
5 EL Rum
250 g gemahlene Mandeln
2 EL abgeriebene Zitronenschale
4 TL Zimt
500 g feines Dinkelvollkornmehl
250 g Hirsemehl
2 EL Butter für die Form

Zubereitung

1 Die Butter mit wenig Hitze zerlassen, dann mit dem Schneebesen schaumig schlagen.

2 Nach und nach Honig, Sahne, Rum, Mandeln, Zitronenschale und Zimt hinzufügen, alles sorgfältig vermischen.

3 Die Mehle mischen und zusammen mit der Buttermischung zu einem glatten, geschmeidigen Teig verkneten. Den Teig 10 Minuten quellen lassen. Den Backofen auf 150 °C vorheizen.

4 Den Teig auf ein gefettetes Backblech etwa 1 cm dick aufstreichen. Den Teig etwa 20 Minuten backen.

5 Die heiße Teigplatte in Riegel schneiden (1 1/2 cm breit, 4 cm lang), auskühlen lassen und in einer Dose aufbewahren. Sie entfalten erst nach 3 bis 4 Tagen ihr volles Honigaroma.

Quarktorte mit Streuseln

ca. 300 kcal/1250 kJ pro Stück

Zubereitungszeit: ca. 1,5 Stunden
Backzeit: ca. 45 Minuten

Zutaten für 15 Stück
Für den Teig
25 g frische Hefe
250 g feines Dinkel- oder Weizenvollkornmehl
30 g zerlassene Butter
2 EL Honig
1 Msp. Meersalz
Butter für die Form

Für die Streusel
200 g feines Dinkel- oder Weizenvollkornmehl
100 g kalte Butter
100 g Honig

Für die Füllung
8 Blatt weiße Gelatine
450 g Quark, 20 % Fett i. Tr.
100 g Frutilose
1 TL gemahlene Vanille
1 EL abgeriebene Zitronenschale
250 g süße Sahne

Zubereitung

1 Die Hefe in 130 ml warmem Wasser auflösen. Mit der Hälfte des Mehls zu einem glatten Vorteig verrühren. Den Teig 20 Minuten an einem warmen Ort gehen lassen.

2 Das restliche Mehl, die zerlassene, lauwarme Butter, den Honig und das Salz zufügen und alles zu einem geschmeidigen Teig verkneten.

3 Die Springform einfetten, den Teig gleichmäßig darin verteilen und ihn abgedeckt an einem warmen Ort nochmals gehen lassen, bis sich das Volumen verdoppelt hat.

4 Den Backofen auf 160 °C vorheizen. Das Mehl mit der Butter und dem Honig zu Streuseln verarbeiten. Ein Blech mit Backpapier auslegen und die Streusel darauf verteilen. Die Streusel etwa 20 Minuten backen, dann abkühlen lassen.

5 Die Springform in den Ofen stellen und den Hefeteig ca. 25 Minuten backen, ihn dann abkühlen lassen.

6 Die Gelatine etwa 10 Minuten in kaltem Wasser quellen lassen.

7 Den Quark glatt rühren und mit der Frutilose süßen, Vanille und Zitronenschale hinzufügen.

8 Die Gelatine in einem Topf im heißen Wasserbad auflösen. Die Sahne steif schlagen und vorsichtig unter den Quark heben. Nach und nach die flüssige Gelatine unterrühren.

9 Die Quarkcreme für kurze Zeit kalt stellen, bis sie gerade zu stocken beginnt. Dann auf den Hefeboden streichen.

10 Die Streusel auf der Creme verteilen und den Kuchen mindestens 1 Stunde kalt stellen.

Tipp

Der Kuchen ist nicht so süß. Wer es süßer mag, kann den Teigboden halbieren und mit Rapshonig bestreichen.

Apfelkuchen vom Blech

ca. 295 kcal/1235 kJ pro Stück

Zubereitungszeit: ca. 1 Stunde
Backzeit: ca. 40 Minuten

Zutaten für 20 Stück

Für den Teig

150 g zerlassene Butter
100 g flüssiger Honig
250 g Quark, 20 % Fett i. Tr.
1 EL abgeriebene Zitronenschale
1 Eigelb
Meersalz
1 Päckchen Weinsteinbackpulver
350 g feines Dinkel- oder Weizenvollkornmehl
Butter für das Blech

Für den Belag

7 mürbe Äpfel (800 g küchenfertig)
100 g ungeschwefelte Rosinen

Für den Guss

100 g Butter
100 g Honig
1 1/2 TL Zimt
200 g süße Sahne

Außerdem

100 g Mandelblättchen

Zubereitung

1 Flüssige Butter, Honig und Quark zu einer glatten Creme verrühren. Zitronenschale, Eigelb, eine Prise Salz hinzufügen und gut vermischen.

2 Das Backpulver mit dem Mehl mischen, nach und nach unter die Quarkmasse rühren, sodass ein geschmeidiger Teig entsteht.

3 Den Teig auf ein gefettetes Blech streichen und 15 Minuten ruhen lassen.

4 Die geschälten Äpfel in feine Scheiben schneiden. Sie werden leicht überlappend auf dem Teig verteilt und mit den Rosinen bestreut. Den Backofen auf 160 °C vorheizen.

5 Die Butter für den Guss erwärmen, Honig, Zimt und Sahne zufügen und mit einem Schneebesen zu einer schaumigen Creme aufschlagen.

6 Den Guss über die Äpfel verteilen, die Mandelblättchen darüberstreuen. Den Kuchen etwa 40 Minuten backen.

Quarkstollen

ca. 300 kcal/1250 kJ pro Stück

Zubereitungszeit: ca. 30 Minuten
Backzeit: ca. 55 Minuten

Zutaten für 15 Stück

500 g feines Dinkelvollkornmehl
125 g kalte Butter
2 Päckchen Weinsteinbackpulver
1/2 TL abgeriebene Zitronenschale
1 TL gemahlener Kardamom
1/2 TL gemahlene Muskatblüte (Macis)
1 Eigelb
125 g ungeschwefelte Korinthen
125 g ungeschwefelte Rosinen
250 g Quark, 20 % Fett i. Tr.
1 Vanilleschote
150 g flüssiger Honig
125 g grob gehackte Mandeln
etwas zerlassene Butter
Butter für das Blech

Zubereitung

1 Ein Drittel des Mehls auf die Arbeitsfläche geben, in die Mitte eine Vertiefung drücken und die in Stücke geschnittene Butter hineingeben.

2 Backpulver, eine Prise Salz, Zitronenschale, Kardamom, Muskatblüte und das Eigelb hinzufügen und alles zu einem geschmeidigen Teig verkneten.

3 Den Backofen auf 160 °C vorheizen. Korinthen und Rosinen mit dem Quark mischen.

4 Das Mark aus der Vanilleschote herauskratzen und in den Quark rühren. Quark, Honig und Mandeln zum Teig geben und gut verkneten, dabei nach und nach das restliche Mehl dazugeben, sodass ein fester Teig entsteht.

5 Den Teig zu einem Stollen formen, auf ein Blech legen und mit Butter bestreichen. Den Stollen 50 bis 60 Minuten backen, dabei ein mit Wasser gefülltes Gefäß mit in den Ofen stellen.

Vollkornspekulatius

ca. 85 kcal/355 kJ pro Stück

Zubereitungszeit: ca. 45 Minuten
Backzeit: ca. 10 Minuten

Zutaten für 30 Stück

200 g feines Dinkelvollkornmehl
1 Msp. Meersalz
1 TL gemahlener Kardamom
1 TL Zimt
1 TL Nelkenpulver
1 Eigelb
125 g kalte Butter
100 g gemahlene Mandeln
75 g Honig
Butter für das Blech

Zubereitung

1 Mehl, Salz und Gewürze mischen und auf die Arbeitsfläche geben. In die Mitte eine Vertiefung drücken, das Eigelb, die in Stückchen geschnittene Butter, die Mandeln und den Honig hineingeben. Alles rasch zu einem geschmeidigen Teig verkneten.

2 Den Teig auf einer bemehlten Fläche ca. 1/2 cm dick ausrollen und Plätzchen ausstechen. Den Backofen auf 175 °C vorheizen.

3 Die Plätzchen auf das gefettete Backblech legen und ca. 10 Minuten backen.

Tipp

Der Teig lässt sich besser ausrollen, wenn man zwischen Teig und Nudelholz Klarsichtfolie legt.

Haferflockentaler

ca. 95 kcal/400 kJ pro Stück

Zubereitungszeit: ca. 35 Minuten
Backzeit: ca. 10 Minuten

Zutaten für 30 Stück

150 g Haferkörner oder kernige Haferflocken
100 g feines Dinkelvollkornmehl
1 TL Weinsteinbackpulver
125 g kalte Butter
125 g flüssiger Honig
1 EL abgeriebene Zitronenschale
50 g gemahlene Mandeln
50 g Sesam
Butter für das Blech

Zubereitung

1 Die Haferkörner mit einem Flocker zu Haferflocken quetschen. Haferflocken, Mehl und Backpulver mischen und auf die Arbeitsfläche geben. In die Mitte eine Vertiefung eindrücken, die in Stückchen geschnittene Butter, Honig, Zitronenschale, Mandeln und Sesam hineingeben. Alles rasch zu einem geschmeidigen Teig verkneten.

2 Den Backofen auf 160 °C vorheizen. Den Teig zu einer Rolle von ca. 4 cm Durchmesser formen und in 1 cm dicke Scheiben schneiden.

3 Die Taler mit gutem Abstand auf das gefettete Blech legen und etwa 10 Minuten backen.

Mandelgebäck

ca. 80 kcal/330 kJ pro Stück

Zubereitungszeit: ca. 45 Minuten
Kühlzeit: ca. 1 Stunde
Backzeit: ca. 10 Minuten

Zutaten für 30 Stück

200 g feines Dinkelvollkornmehl
1 TL Weinsteinbackpulver
1 Vanilleschote
1 EL süße Sahne
80 g Butter
100 g gemahlene Mandeln
75 g flüssiger Honig
Butter für das Blech
3 EL süße Sahne
30 Mandelhälften

Zubereitung

1 Mehl und Backpulver mischen und auf die Arbeitsfläche geben. In die Mitte eine Vertiefung eindrücken.

2 Das Mark aus der Vanilleschote herauskratzen und zusammen mit 3 EL Wasser, Sahne, Butter, Mandeln und dem Honig in die Mehlmulde geben. Alles zu einem geschmeidigen Teig verkneten.

3 Den Teig zu einer Rolle von ca. 4 cm Durchmesser rollen, in Folie wickeln und etwa 1 Stunde kalt stellen.

4 Den Backofen auf 175 °C vorheizen. Die Rolle in 1 cm dicke Scheiben schneiden, diese auf das gefettete Backblech legen.

5 Die Plätzchen mit der Sahne bestreichen, mit je einer halben Mandel belegen und 10 bis 12 Minuten backen.

Rezeptregister

Eiweißreiche Hauptgerichte

Desserts und Gebäck

Alphabetisches Rezeptregister

Rezeptregister nach Gruppenzugehörigkeit

Eiweißreiche Gerichte

Neutrale Gerichte

Kohlenhydratreiche Gerichte

Ihr persönlicher Kontakt zu Ursula Summm

Meine Adresse:
Trennkost Club
Ursula Summ
Buzon N° 356
Calle Patricio Ferrandiz 40
E-03700 Denia/Alicante
España

Schreiben Sie mir und fordern Sie mein kostenloses Informationsmaterial an.

Telefon: 00 34/96/6 42 11 20
Fax: 00 34/96/5 78 47 15
http: www.trennkost.de
E-Mail: summ@trennkost.de

Liebe Leserinnen, liebe Leser,

täglich erreichen mich zahlreiche Briefe, E-Mails und Telefonate aus dem In- und Ausland, mit vielen Fragen zur Gewichtsabnahme und mit der Bitte, bei der Zusammenstellung von Essensplänen behilflich zu sein. Auch werde ich immer wieder aufgefordert, Seminare über Trennkost zu leiten.
Für Seminare fehlt mir leider die Zeit, doch ich freue mich, Ihnen mein 20-Stufen-Power-Programm vorstellen zu können. Während dieser Zeit lernen Sie Ihren Körper besser kennen und bauen daher Ihr Übergewicht logisch und gefühlvoll ab.

Folgendes Programm erwartet Sie:

- Ein komplett ausgearbeitetes Programm zur Gewichtsabnahme mit vielen, vielen Rezepten
- Einstiegswoche, Fortsetzungswoche, Powerplan
- Persönliche Fragebögen zur Selbsterkenntnis „Warum bin ich dick?"
- Motivation zur Gewichtsabnahme
- Vorschläge für die schnelle Küche
- Heißhunger auf Süßes: „Wie kann ich das bewältigen?"

Und, und, und ...

Diese Ausarbeitungen sind sehr persönlich und haben den Umfang eines dicken Leitz-Ordners. Ihr Trennkost-Kurs endet automatisch nach 10 Monaten. In dieser Zeit erhalten Sie zweimal im Monat Post von mir. Insgesamt also zwanzig Mal. Nach Kursende stehe ich Ihnen gerne für weitere Fragen zur Verfügung. Außerdem können Sie Ihr erworbenes Wissen auch beruflich nutzen. Nach Abschluss des Fernlehrgangs erhalten Sie von mir ein Zertifikat, welches Sie berechtigt, eigenständig unter der Bezeichnung „Trennkost-Beraterin oder Berater" Kurse anzubieten.

Ich würde mich freuen, Sie begrüßen zu dürfen.

ISBN: 978-3-8094-1373-8

Umschlaggestaltung: Atelier Versen, Bad Aibling
Innenlayout: Epsilon2, Kaletka, Kirchhain
Redaktion: Anja Halveland
Bildnachweis: Bassermann Verlag 45, 63, 65, 66, 67, 68, 69, 72, 73, 81, 82, 90, 91, 95, 113, 115, 123, 125 (Karl Newedel); Comstock 31 o.; Digital Vision 30; Falken Verlag 8 M., 8 u., 22 u. (Archiv); 29 (Krapohl); 8 o., 41, 42, 43, 47, 48, 49, 51, 53, 54. 55, 57, 58. 59, 60, 61, 70, 71, 75, 77, 78, 79, 83, 84, 85, 86, 87, 89, 92, 93, 96, 97, 98, 99, 100, 101, 102, 103, 104, 105, 107, 108, 109, 110, 111, 114, 117, 119 (Studio Rainer Schmitz); 7, 15, 17, 25, 118, 121, 127, 129, 130, 131, 133 (TLC); Foto Blum, Rennerod 6, 140; Getty Images 13 o. (NA, lizenzfrei); PhotoDisc 13 M., 31 M., 31 u.; Südwest Verlag 10 o. (Hatz); 10 M. (Hecker); 13 u. (Heuer); 10 u., 22 o. (Holz); 22 M. (Newedel)

Satz: Epsilon2, Kaletka, Kirchhain
Litho: Artilitho, Lavis (Trento)
Druck: Těšínská tiskárna, Český Tešín

Printed in the Czech Republic

FSC
www.fsc.org
MIX
Papier aus verantwortungsvollen Quellen
FSC® C005833

Verlagsgruppe Random House FSC-DEU-0100
Das für diesen Titel verwendete FSC®-zertifizierte Papier *Allegro halbmatt* wurde produziert von Sappi Biberist.

817 2635 4453